世界哲學家叢書

南希里克達拉

宮　靜　著

1996

東大圖書公司印行

國立中央圖書館出版品預行編目資料

拉達克里希南／宮靜著. --初版. --臺
北市：東大發行：三民總經銷，民85
　面：　公分. --(世界哲學家叢書)
參考書目：面
含索引
ISBN 957-19-1943-8 (精裝)
ISBN 957-19-1944-6 (平裝)

1.拉達克里希南(Radhakrishnan,
　S. (Sarvepalli), 1888-1975)-
　學術思想-哲學　2.哲學-印度

137　　　　　　　　　　　85005032

網際網路位址　http://Sanmin.com.tw

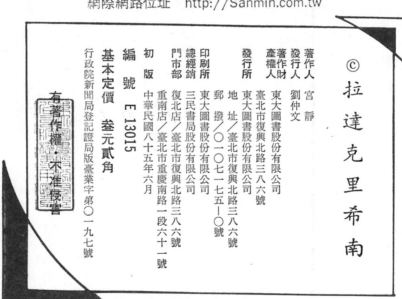

ⓒ 拉達克里希南

著作人　宮靜
發行人　劉仲文
著作財
產權人　東大圖書股份有限公司
發行所　東大圖書股份有限公司
　　　　地址／臺北市復興北路三八六號
　　　　郵撥／○一○七一七五──○號
印刷所　東大圖書股份有限公司
總經銷　三民書局股份有限公司
門市部　復北店／臺北市復興北路三八六號
　　　　重南店／臺北市重慶南路一段六十一號
初版　　中華民國八十五年六月
編　號　E 13015
基本定價　叁元貳角
行政院新聞局登記證局版臺業字第○一九七號

ISBN 957-19-1944-6 (平裝)

「世界哲學家叢書」總序

　　本叢書的出版計畫原先出於三民書局董事長劉振強先生多年來的構想，曾先向政通提出，並希望我們兩人共同負責主編工作。一九八四年二月底，偉勳應邀訪問香港中文大學哲學系，三月中旬順道來臺，即與政通拜訪劉先生，在三民書局二樓辦公室商談有關叢書出版的初步計畫。我們十分贊同劉先生的構想，認為此套叢書（預計百冊以上）如能順利完成，當是學術文化出版事業的一大創舉與突破，也就當場答應劉先生的誠懇邀請，共同擔任叢書主編。兩人私下也為叢書的計畫討論多次，擬定了「撰稿細則」，以求各書可循的統一規格，尤其在內容上特別要求各書必須包括（1）原哲學思想家的生平；（2）時代背景與社會環境；（3）思想傳承與改造；（4）思想特徵及其獨創性；（5）歷史地位；（6）對後世的影響（包括歷代對他的評價），以及（7）思想的現代意義。

　　作為叢書主編，我們都了解到，以目前極有限的財源、人力與時間，要去完成多達三、四百冊的大規模而齊全的叢書，根本是不可能的事。光就人力一點來說，少數教授學者由於個人的某些困難（如筆債太多之類），不克參加；因此我們曾對較有餘力的簽約作者，暗示過繼續邀請他們多撰一兩本書的可能性。遺憾的是，此刻在政治上整個中國仍然處於「一分為二」的艱苦狀態，加上馬列教

條的種種限制，我們不可能邀請大陸學者參與撰寫工作。不過到目前為止，我們已經獲得八十位以上海內外的學者精英全力支持，包括臺灣、香港、新加坡、澳洲、美國、西德與加拿大七個地區；難得的是，更包括了日本與大韓民國好多位名流學者加入叢書作者的陣容，增加不少叢書的國際光彩。韓國的國際退溪學會也在定期月刊《退溪學界消息》鄭重推薦叢書兩次，我們藉此機會表示謝意。

　　原則上，本叢書應該包括古今中外所有著名的哲學思想家，但是除了財源問題之外也有人才不足的實際困難。就西方哲學來說，一大半作者的專長與興趣都集中在現代哲學部門，反映著我們在近代哲學的專門人才不太充足。再就東方哲學而言，印度哲學部門很難找到適當的專家與作者；至於貫穿整個亞洲思想文化的佛教部門，在中、韓兩國的佛教思想家方面雖有十位左右的作者參加，日本佛教與印度佛教方面卻仍近乎空白。人才與作者最多的是在儒家思想家這個部門，包括中、韓、日三國的儒學發展在內，最能令人滿意。總之，我們尋找叢書作者所遭遇到的這些困難，對於我們有一學術研究的重要啟示（或不如說是警號）：我們在印度思想、日本佛教以及西方哲學方面至今仍無高度的研究成果，我們必須早日設法彌補這些方面的人才缺失，以便提高我們的學術水平。相比之下，鄰邦日本一百多年來已造就了東西方哲學幾乎每一部門的專家學者，足資借鏡，有待我們迎頭趕上。

　　以儒、道、佛三家為主的中國哲學，可以說是傳統中國思想與文化的本有根基，有待我們經過一番批判的繼承與創造的發展，重新提高它在世界哲學應有的地位。為了解決此一時代課題，我們實有必要重新比較中國哲學與（包括西方與日、韓、印等東方國家在內的）外國哲學的優劣長短，從中設法開闢一條合乎未來中國所需

求的哲學理路。我們衷心盼望,本叢書將有助於讀者對此時代課題的深切關注與反思,且有助於中外哲學之間更進一步的交流與會通。

　　最後,我們應該強調,中國目前雖仍處於「一分為二」的政治局面,但是海峽兩岸的每一知識分子都應具有「文化中國」的共識共認,為了祖國傳統思想與文化的繼往開來承擔一分責任,這也是我們主編「世界哲學家叢書」的一大旨趣。

傅偉勳　韋政通

一九八六年五月四日

自 序

　　1992 年 9 月東大圖書公司出版了我的第一部專著《泰戈爾》（「世界哲學家叢書」），這部書曾獲得印度駐華公使 B. Jais-hankar（賈勝天）的稱讚，他在1993年2月2日的來信中說：「對於你有關泰戈爾的有價值和有益的工作表示感謝。他的哲學、音樂尤其是他的詩歌，不僅對印度的文學做出了貢獻，也豐富了世界文學。泰戈爾在中國被廣泛閱讀、研究和喜愛，你對他愛國主義、民族主義和浪漫主義著作的多方面的研究，確實對他的哲學，尤其是對我們了解他的生命之美的觀點、問題以及它的最終解答提供了新鮮的見解。我祝賀你寫出這部書，並希望通過它，你將使更多的讀者對泰戈爾著作發生興趣。」

　　一位從事藝術工作的讀者來信說：「您從事印度傳統哲學及有關方面的研究工作，又與東方偉大聖哲泰戈爾的原著有著諸多的接觸，這不僅是您自身的幸運，同時又以您的辛勤工作使所有渴望了解印度思想及文化的中國人受益。……我嚮往印度文明已經很長久了，我的藝術發展及精神探索都有賴於這一領域的涉獵。認識您並獲得您的幫助、指教，無疑是十分重要及幸運的事。」

　　這部書還於同年獲得了本所（中國社會科學院亞洲太平洋研究所）年度科研成果一等獎。這些社會評價固然和著者的努力分不開；

但也和叢書主編傅偉勳教授、韋政通教授及東大圖書公司董事長劉振強先生的支持是截然不可分的。為此，我再次致以謝意並誠摯感謝東大圖書公司編輯部為《泰戈爾》一書的出版所付出的辛勤勞動。

《拉達克里希南》是東大圖書公司為我出版的第二部專著。我有意從事這位哲學家的研究已有多年的設想，1988年，在我赴印度訪問期間，購買了拉氏的很多著作，如《印度宗教》、《宗教和文化》、《創造的人生》、《拉達克里希南的基本著作》等，後來又陸續委託印度朋友甘古莉（Ganguly）女士和我的同事赴印訪問學者王樹英、王宏緯、孫世海諸位教授買到了拉達克里希南的巨著，如《印度哲學》、《拉達克里希南的哲學》以及《拉達克里希南的生平和思想》等書。1993年7月，我在美國洛杉磯探親期間又充分利用當地大學圖書聯網的條件，搜集到部分國內缺乏的資料並著手閱讀和研究。這裡值得懷念的是，在美期間我曾應傅偉勳教授的邀請，全家赴聖迭戈拜會兼旅遊。當時傅先生已經動過兩次手術並剛剛結束電療，雖然身體衰弱但精神旺盛，他很樂觀，充滿自信，又可埋頭工作了。他也很健談，並將他在病中撰寫的書《死亡的尊嚴與生命的尊嚴》題簽贈送給我。回國後，我仔細閱讀了這部書，深深地被他的充滿東方古哲睿智的生死觀和與癌症不屈不撓做鬥爭的精神所感動。他在自序中談到

「本書是在再次開刀而又經過三個月電療之後，還未完全康復的情況下寫成的。我一向『硬心腸』，只透露自己好事，不說壞事，但在撰寫期間深深感到本書不是普通意義的書，而是關涉人人在高度精神性層面（實存主體、終極關懷以及終極真實）所要探索解決的，具有普遍意義的書。因此我終於決定，在結語部分描述我一年來與淋巴腺癌搏鬥的生死體驗。我通過自己的生死體驗，很想告訴

大家，我們應該珍惜摯愛我們的人生，直到最後一天告別人生為止，好好體認雲門禪師所說：『日日是好日』的真諦深意。」

傅偉勳教授身患癌症卻在「踐行自己做為教授學者的人生使命」，他還準備寫出一系列有關生死問題的專著，以便和各位讀者分享「摯愛這美好的人生，告別這美好的人生」的生死意義。

珍惜人生，摯愛人生，不是為了滿足私慾，而是為了有益於社會、有益於他人，完成教授學者的使命，這樣的人生觀，我想是國內外眾多學者的共同意願。我也是在這種精神鼓舞下完成了《拉達克里希南》這部著作的。

拉達克里希南是當代印度的偉大哲學家、教育家和政治家，也是世界著名的東西方比較哲學家。我對他的研究重點放在哲學、宗教和教育方面。關於他的政治思想和政治活動不屬於本叢書的範圍，故不予評論。

拉氏的一生也是辛勤耕耘的一生，他學識淵博，著作豐厚，通曉印度和西方古今哲學和宗教體系，並有數十年的國內外教學經驗。要想闡明他的哲學思想，尤其是比較哲學的研究體系，並作出恰當的評價，實非易事。我自知學識淺薄，完成這一任務有些自不量力，也許是自討苦吃。但是我自信有兩個優勢，一是素有螞蟻啃骨頭的精神和烏龜賽跑的耐力，我可以不分寒暑，久坐不動，對身外事視而不見，聽而不聞，一心一意思考和求解問題；另一是得到家人和朋友們的理解和支持，給我許多鼓勵和幫助。尤其是我的丈夫在我遇到障礙時，總是不厭其煩的伸出援助之手，幫我查找資料，校正我所翻譯的引文材料，所以這部書的寫成，也有他的一份辛勞。

由於充分利用了有利條件，經過兩年斷斷續續的資料準備工作，在1994年下半年開始有時間集中精力撰寫，歷經一年完成初稿，現

在終於和讀者見面了。但願我能為大家為社會做點有益的工作。也為我自己花甲之年增添一份像樣的壽禮。

我再次感謝東大圖書公司的全體同仁，感謝曾經支持和幫助過我的朋友，感謝兩位叢書的主編和我的家人。

願廣大讀者給予賜教。

宮　靜

1995年10月

於北京

拉達克里希南

目 次

第一章 新舊交替的時代背景

薩爾維巴里 · 拉達克里希南(Sarvepalli Radhakrishnan)是當代印度傑出的哲學家、教育家和政治家；也是世界聞名的東方哲學與文化的比較學家。

拉達克里希南生於1888年，卒於1975年，在這期間正是印度人民進行一系列艱苦奮鬥尋求社會改革，經過流血犧牲，最終擺脫長達數百年的英國殖民統治，於1947年正式宣告印度共和國獨立的時期；也是印度獨立後，克服殖民地時期遺留下來的種種困難，民族經濟有了較顯著發展的時期。

在十九世紀後半葉，印度民族工業開始建立起來並逐步得到增長，其先決條件有三：一是英國殖民當局為了牢牢地控制印度的經濟命脈，進一步將印度變成他們的產品銷售市場和原料基地，便大規模修建鐵路。據統計，1853年全印只有鐵路線20英里，到1901年已增至25,371英里，到1913年第一次世界大戰前夕又增至34,656英里。從而在客觀上為印度民族工業的建立和發展準備了原料和商品的運輸條件；二是由於英國當局在十九世紀上半葉建立的田賦制，使廣大農民深受其害。英國政府當時所搜刮的田賦額逐年增加，1861年為1970萬盧比，到1901年已增至2740萬盧比，再加上強徵暴斂的各種苛捐雜稅和連年不斷的旱澇災害，使農村經濟完全破產，

無地和少地的農民劇增。據1882年國情普查估計，農民中無地的人口已達750萬。拉達克里希南出生的馬德拉斯地區，1901年農業人口的構成情況是：每千人中不勞動的地主為20人，自耕農為484人，少地和無地的農民則有496人。廣大貧苦農民為了生存不得不四處流浪，尋找做零工或短工的機會，為城市工業生產提供了廉價的勞動力市場；三是由於印度商人、高利貸者長期與英國從事買辦、金融和貿易活動，積累了大量貨幣資金，從而為本民族的工業發展準備了投資條件。在這種情況下，印度本國的工商業者和金融資本家便開始創辦起自己的工業。

最早建立起來的是棉紡織廠，在十九世紀下半期的五十年內，全印共建棉紡織廠191座，僱傭工人156,400人，紗綻總數為494.23萬枚。據1898年估計，在棉紡工業的全部投資中，印度資本已占三分之二。其次是鋼鐵工業，最早由塔塔家族創立了冶金聯合企業，後在「自產」運動的高潮中建立起塔塔鋼鐵公司，該公司到第一次世界大戰中期(1916年)已生產了147,500噸生鐵，139,500噸鋼和98,700噸鋼材，從而獲得了巨額利潤並滿足了英國在近東戰區的部分軍需。隨後印度民族工業在碾米、磨粉、毛紡、絲織、榨油、製糖、水泥、黃蔴等部門也逐漸發展起來，並有了自己的股份銀行。到1918年，資本在50萬盧比以上的印度股份銀行已有19家，資本總額達6,000萬盧比。這一切事實都說明在十九世紀末和二十世紀初，印度已有了本民族的工業和金融業，並由此形成了一支較集中的有產階級和工人階級隊伍。

但是，印度民族工業的發展是畸形的，它們雖然掌握了原料和國內市場的優勢，然而工業生產所需的機器設備、鐵路運輸和商品出口貿易等關鍵性環節仍需依附於英國殖民政府，因此民族經濟的

振興和殖民政治的壓迫形成強烈的對比和錯綜複雜的矛盾，從而刺激了民族意識的覺醒和民族獨立運動的興起。

當時領導民族運動最有影響的組織是國民大會黨(簡稱國大黨，The Indian National Congress)。國大黨成立於1885年，即拉達克里希南誕生前的三年。最初的創始人是英國駐印度的退休文官阿倫·奧克塔維安·休姆(Allan Octavian Hume, 1829-1912)，他於1882年退休公職後開始參與印度的政治活動，1884年他參加了印度聯盟(各邦民族主義組織的聯盟)成立宣言的起草工作，並領導召開了1885年12月印度聯盟的第一次大會,該會被命名為印度國民大會,會議成立的常設組織即為國民大會黨，休姆被選為黨的總書記，直到1906年。

印度國大黨最早成立的意圖是想緩和印度和英國的矛盾，削弱印度民族獨立鬥爭的鋒芒,在宗主國和殖民地之間建立一道安全閥。因此，國大黨的成立受到英國總督的支持和鼓勵，總督達弗林勛爵(Dufferin, Lord)曾告訴休姆「政府可以通過它（指國大黨）獲知印度真正的輿論」， 他還親自邀請國大黨成員參加游園會。當時的國大黨也表示對英王的忠心堅定不移，對英國政治家的自由主義和正義感深表欽佩並懷有無限的信心，他們相信英國一定會認識到印度人民的要求是正當的。所以國大黨在成立初期便提出一系列的改革措施，如在中央和各邦用代表會議方式發展自治；廢除印度參事會；普及初等教育；在高級政府機關要求更多地任用印度公務員；特別規定要在英國和印度兩地舉行印度文官考試等。這些改革措施的前提是承認英國政府的管轄權，國大黨的領袖均屬於溫和派。

但是不久黨內發生分裂，以提拉克(Bal Gangadhar Tilak, 1856-1920)為首的極端派於二十世紀初開始形成。1905年當印度民族解

放運動達到第一次高漲時,提拉克積極參與並領導了群眾反英活動,他在國大黨內籌組了新派並且提出爭取印度「完全自治」的奮鬥目標和改革策略。他認為自治是印度人民的「天賦權利」和「法」,是未來印度「繁榮的基礎」, 一切問題的解決無不依賴於自治。為此他提出三種策略,即自產(Svadeshi)、經濟抵制(Boycott)和發展民族教育。

自產的目的是擴大國產商品以代替外來商品,並逐漸消除外國思想的影響,加強愛國主義和自強、自信的教育;經濟抵制主要指抵制英貨,並通過抵制運動達到本國各民族力量的聯合與合作;發展民族教育則指普及初等教育和擴大高等教育,特別是發展婦女教育。這一切策略其最終目的是為了獲得印度的完全自治。

提拉克還為未來的「印度聯邦共和國」設計出一幅嶄新的藍圖:在這個共和國中人民享有充分的民主和自治權利;有言論、出版、集會和結社的自由;行政權和司法權分立,實行關稅自主;保護和促進工商業的發展等。

提拉克一方面積極宣傳激進派的奮鬥目標和改革策略;另一方面則對溫和派的主張和措施提出公開的抨擊,認為他們組織的請願和抗議活動是一種「政治行乞」, 是對英國的諂媚。當時提拉克的思想和行為成為印度青年的榜樣。他的熾烈的愛國主義思想、傑出的勇氣、不屈不撓的鬥爭意志和獻身於印度自由的精神都深深影響了拉達克里希南。後來提拉克在獄中和拉達克里希南不止一次的交流過思想,他們對《薄伽梵歌》的倫理思想產生了共識。

極端派和溫和派在1907年蘇拉特(Surat)年會上正式分裂。英國政府對國大黨的態度也由於極端派的出現而一改初衷,於1908年公開採取鎮壓政策,他們逮捕了提拉克並判處他六年刑期。此後國大

黨處於消沉和徬徨時期，直到1915年甘地出現。

摩罕達斯・卡蘭姆昌德・甘地(Mohandās Karamchand Gandhi)，1869年10月2日出生於印度古吉拉特邦(Gujarat)的卡提阿瓦半島(Kathiawar Pen)的波爾班達爾(Porbandar)，屬班尼亞（商人）種姓。中學畢業後於1888年赴英國倫敦大學學習法律，1891年取得律師資格後返回印度，從事律師工作。1893年應南非富商之請赴南非任一商行法律顧問，直到1914年。在這期間，於1894年他創立了南非的印度國大黨；1906年他組織印度僑民反對南非當局所制訂的種族歧視法「亞洲人登記法」；1913年他組織成千上萬印度礦工罷工運動。為此他積累了「非暴力」和「堅持真理」的領導運動的經驗。1915年回國後，最初三年徘徊在政治鬥爭外圍，觀察思考。1919年由於英國堅持實行「羅拉特法案」，規定對政治嫌疑犯可以不加審判即予監禁，從而促使甘地重新投入鬥爭。他決心使印度脫離英國統治，宣布實行「堅持真理」的「非暴力不合作」運動。國大黨也於1920年在加爾各答召開了特別會議，通過了甘地提出的不合作運動議案並確立了以甘地為首的領導核心。同年12月在那格浦爾(Nagpur)年會上正式通過不合作運動決議，並進一步制訂運動的具體措施。在此次年會上還通過國大黨新黨章，規定「國大黨的目標是依靠印度人民採用一切和平與合法手段達到自治」。印度實現「自治」從此成為全黨全國的奮鬥目標。

甘地和甘地主義的出現，給印度人民和國大黨注入了新鮮的活力。尼赫魯曾回憶說：「在英國統治下的印度的主要心情就是恐懼，是一種普遍滲透的使人窒息的絞勒一般的恐懼；怕軍隊，怕警察，又怕廣布各地的特務；怕官吏階級，怕那意味著鎮壓的法律，還怕監牢；怕地主的代理人，怕放債人；又怕經常待在門口的失業和飢

餓。正是為了針對着這彌漫一切的恐懼，甘地的鎮靜而堅決的口號響起了：不要怕。❶」甘地的出現，「像一股強有力的新鮮氣流，使我們振作起來，深長地鬆了一口氣，他像一道亮光，穿透了黑暗，並拔去了我們眼睛上的翳障，他又像一陣旋風，吹翻了許多東西，最重要的是激動了人民運用思想。❷」尼赫魯還指出，甘地教義的精髓是「無畏、真理和與這些相關聯的行動，他總是關懷著人民大眾的福利。❸」

　　在二十世紀上半期印度國內政治思想的主流便是甘地主義。甘地主義就其哲學思想的基礎來看，其核心是他的真理觀與倫理觀。

　　甘地提出，對他來說，真理是至高無上的原則，「堅持真理」是他畢生的追求。而他對真理的解釋並不是一致的。最初他認為「神就是真理」，因為真理(梵文Satya)一詞是由存在(Sat)一詞引申而來，存在意味著「實在」，因此「真理」便意味著「實在」。世界上唯一的實在便是神，故神就是真理。但是後來他又提出「真理就是神」。因為「神」的概念並不明確，他可以有多種涵義，神可能是泛神、一神、多神或自然神，如果說「神就是真理」並不意味着唯一的實在是真理。相反，「真理」一詞的涵義卻是明確的，它被看作是一種正確的、符合於實在的認識。「真理」可以得到人們普遍的接受，有神論者、無神論者和不同神的信仰者都承認真理的實在性，因此甘地把對神的強調轉變為對真理的強調，重新提出「真理就是神」的論斷。他所以強調崇拜的對象不是神而是真理，其目的正如印度

---

❶　賈瓦哈拉爾·尼赫魯：《印度的發現》，齊文譯，1956年，世界知識社，北京，頁472-473。

❷　同上，頁472。

❸　同上，頁472。

當代哲學家B. K. 拉爾所說，「崇拜真理」能使不同種姓、不同信仰和不同民族的人們聚集到一起。這也正好成為真正的普遍宗教的基礎❹。所以甘地的真理觀既有實用的政治價值，也有建立普遍宗教的價值。

甘地的倫理觀，其核心思想便是「非暴力原則」。非暴力原意是不害 (ahiṃsā)，印度古代多種宗教，如印度教、佛教、耆那教均提倡此原則，並作為教徒應遵守的戒律之一。甘地則將這種原則作為人生和政治鬥爭的準則。

他首先提出非暴力是人性善的本質反應，他說，儘管從表面上看來，人是自私的，甚至是獸性的，但是從內部和本質上來看，人的精神卻是善良的，「我從不懷疑人的本性，因為它肯定與一切高尚的和友好的行為相一致。❺」

其次，他認為非暴力是一種鬥爭手段，其目的是為了「堅持真理」。但在甘地看來手段比目的更為重要，因為只有重視手段才能達到目的，否則任何目的只能是一種空想。

第三，甘地為非暴力的實施形式，即堅持真理的鬥爭方式，摸索出幾種類型，它包括談判、調解、宣傳鼓動、示威遊行、經濟抵制、不合作、文明的不服從、絕食、罷工、靜坐、不納稅等等。他認為非暴力是積極的行動，不同於消極的、被動的抵抗。

第四，甘地指出堅持真理的人應具有高尚的道德品質，這不僅是政治鬥爭的需要，也是對自我本性的修煉。這些美德包括公正、忠誠、胸懷坦白、極富愛心、無所畏懼、勇於犧牲、謙虛質樸、忍

❹　參見巴薩特・庫馬爾・拉爾(Basant Kumar Lal)：《印度現代哲學》，朱明忠等譯，1991年，商務印書館，北京，頁114。

❺　轉引自上書，頁122。

辱受苦、廉潔奉公、不貪不盜、知足常樂並虔誠地信仰真理、信仰神明。他認為任何人經過長期的修煉都會實現人的真正本性，從而獲得如上種種美德，達到堅持真理的目的。

甘地本人言行一致，終身奉行苦行主義，布衣、素食、步行；公正無私，勇於奉獻，將自己全部身心投入印度民族獨立運動中。在反對殖民主義、反對種族歧視和實行非暴力主義鬥爭的三大革命中起到領導和促進作用。拉達克里希南深受甘地思想影響，1939年著《大雄甘地》一書，總結了甘地給印度人民的使命。

此後國大黨在甘地和尼赫魯 (Jawaharlal Nehru, 1889-1964) 的領導下，團結以真納(Mohammed Ali Jinnah, 1876-1948)為首的穆斯林聯盟，經過從二十年代到四十年代的艱苦曲折鬥爭，最終於1947年6月3日在印度國大黨、穆斯林聯盟和英政府三方協議下，制訂出印巴分治的《印度獨立法》，又稱「蒙巴頓方案」❻（即由新任英國駐印總督蒙巴頓將軍公布）。隨後於1947年8月14、15兩日，巴基斯坦和印度分別成立了自治領。1950年和1956年印度和巴基斯坦自治

---

❻ 蒙巴頓(Mountbatten)方案主要內容是：

一、印度分為印度教徒為主的印度斯坦國家和伊斯蘭教徒為主的巴基斯坦國家。兩國均獲自治領地位。

二、在西北邊省和阿薩姆省的錫爾赫特地區的公民中，以及在信德省立法議會中，舉行投票，對這三個省（或地區）參加巴基斯坦或是印度進行表決。

三、孟加拉和旁遮普兩省立法議會，分別組成印度教徒議員組和穆斯林議員組，對加入巴基斯坦或印度實行表決，並設立劃界委員會。

四、各土邦可以決定自己參加任一自治領，如皆不加入，可保持與英國的原有關係。

領又先後宣布為獨立的共和國。

　　印度獨立後，百廢俱興。當時甘地早已於1948年遇害身亡，黨政大業均落在威望極高的尼赫魯身上，他首任印度總理；對外實行反殖民主義的獨立與和平的外交政策，並成為不結盟運動的創始人之一；對內則堅持實行民主、社會主義、團結和世俗主義的指導思想。於1950年1月26日公布實施新憲法，由1951年開始實行第一個五年計劃。在這種新形勢的要求下，必須廣泛選拔人才，以滿足新政府內政、外交的需要。鑒於拉達克里希南當時已是國內外知名學者，便於1949年派往蘇聯，首任印度駐蘇大使，此後他便從學壇步入政壇，1952至1962年擔任印度國家副總統，1962至1967年又任印度總統，年近80歲時才脫離政界。但是，即使在從政期間，他也始終兼負有哲學家和教育家的使命，直到1975年逝世。

第二章　為哲學事業奮鬥終生

　　薩爾維巴里・拉達克里希南於1888年9月5日生於南印度安得拉邦與泰米爾納杜邦交界處的蒂魯塔尼鎮(Tiruttani，在馬德拉斯市西北，是一座寺廟小城)。屬婆羅門種姓，父母均為講泰魯固語的印度教梵天教派信徒。其父薩爾維巴里・維拉斯瓦米(Veeraswami)是當地政府的稅務員，母親名悉達瑪(Sitamma)，拉達克里希南是他們的次子。父母由於子女眾多，家境越來越困難，據說他的父親的年薪只夠八個月的生活費，但仍然盡力供養子女讀書。

　　拉達克里希南在蒂魯塔尼度過童年，並在阿拉瑪拉姆(Allamaram)學校受完初等教育，當時主要學習基礎英語、泰魯固語、數學、地理和印度歷史。1896年他進入蒂魯帕蒂(Tirupati)的路德高級傳道學校，這是德國傳教士辦的，他學的第一節課便是《聖經》，這使他原有的印度教觀念——只知道朝拜寺廟和定期舉行祭祀——受到衝擊，感到這種宗教生活是僵死的，他在這個學校受完了中等教育。

　　1900年他轉入維洛爾(Vellore)的沃爾希斯(Voorhes)學院，在維洛爾學習期間於1903年5月，當他15歲時與10歲的遠房堂妹悉瓦卡姆(Sivakamu)結婚，岳父是火車站站長。當時在表親和堂親之間實行換婚制，這是南印度的宗教傳統，童婚更是印度社會的普遍現象。

拉達克里希南聽從父母的包辦，遵守了這一傳統。他在這所學院獲得了文學學士的學位。

1905年他考入馬德拉斯的基督教學院，最初選擇什麼專業並不明確，只是由於偶然的機遇，他才選讀了哲學。原因是一位和他同在基督教學院學習的比他年長幾歲的親戚，將一些舊書作為禮物贈送給他，這些書中有英國斯托特(Stout, George Frederick, 1860-1944)的《心理學》，威爾頓(Welton)的《邏輯學》和麥肯齊(Mackenzie)的《倫理學》等，當拉達克里希南讀完這些書後，頗感興趣，他便決定選擇哲學專業了。他說：

> 對哲學的興趣，顯然，這只是偶然。但是一當我接受這一系列的偶然時，也就形成了我的一生，使我相信在這種生活中比我用眼睛看到的東西更深奧。人生不只是一系列有形的因果環節，機會好像是形成現實的外表，而內在深處有另一種力量在起作用。假若宇宙是一個活體，假若他是活靈活現的，在它裡面就沒有事物會僅僅是偶然的。「移動的手指在寫，就會繼續寫下去。」❶

拉達克里希南正是本着這種精神，終生為哲學而獻身。

在基督教學院他受到西方文化的衝擊，這給了他積極與消極兩方面的影響：一方面是豐富了他的哲學和宗教知識，使他有機會學習《新約全書》以及柏拉圖、普羅提諾、康德、黑格爾、布雷德利、柏格森等的哲學，同時也閱讀了大量的歐洲古典文學；另一方面則

---

❶ 拉達克里希南：〈精神的宗教與世界的需要〉，載《拉達克里希南的哲學》，頁6，德里英文版，1992年。

不斷聽到他的西方老師們對印度傳統文化的批判。拉達克里希南說：

> 他們是哲學教師、評論家、注釋家，基督教思想和生活方式
> 的辯護士，從嚴格的意義上說，卻不是真理的探索者。由於
> 他們對印度思想的批評，攪亂了我的信仰，動搖了我所依賴
> 的傳統支柱。❷

但是西方的非議並沒有使他消沉和悲觀，他認為：

> 我們無法選擇我們的文化祖先，正像不能選擇肉體的祖先一
> 樣。在這個範圍內，一個人按照傳統去生活，並且本能地去
> 服從它，他過著有信仰的生活，成為一個信徒。但是當傳統
> 信仰動搖的時候，就會引起對哲學的需要。❸

為此便促使他更加深入地研究印度傳統文化，他在以後的數年中，
大量地閱讀了印度教的經典著作，如《奧義書》(*Upaniṣads*)，《薄
伽梵歌》(*Bhagavadgītā*)，商羯羅 (Śaṁkara)，羅摩奴闍 (Rāmā
nuja)、摩陀婆(Madhva)和尼姆帕爾格(Nimbarka)等人所註釋的《梵
經》(*Brahma Sūtra*)，以及佛教和耆那教的經典，以便從中找出「什
麼是活著的，什麼是死去的」，「批判地研究印度宗教就這樣對我施
加壓力。」

　　1908年，作為碩士論文，他撰寫了《吠檀多的倫理學和它的玄
學先決條件》，在這篇文章中，他試圖對西方哲學教師的批判給以回

---

❷　同上，頁9。

❸　同上，頁8-9。

擊，說明吠檀多不二論對世界的解釋稱其為「幻」（摩耶，Māyā），這並非是絕對的不真實或不存在，而是指出世界的相對性，它是變與不變的統一，有限與無限的統一，創造與非創造的統一。因此將吠檀多倫理學的基礎作全盤否定，認為是毫無意義的，這種批評是完全錯誤的。拉達克里希南指出，印度宗教和哲學是一種活的理性的道路，具有積極的道德內容，它既培養了自身的智慧和道德行為，也富有成效地建立了正確的社會制度。因此，吠檀多哲學絕非脫離人生的抽象理論。

同年，他還在《現代評論》上發表了〈業和自由意志〉的論文；在馬德拉斯基督教學院的雜誌上發表了〈印度哲學——吠陀與六派〉論文。

1909年，他通過了碩士論文，兩年後獲得碩士學位。他從馬德拉斯基督教學院畢業後，便由省教育機關委派到省立學院任教，最初是頂替「馬拉雅拉姆語」教師的空缺，實際是在精神和道德科學系教授哲學。從此他便開始了教學和研究生涯。他的非凡記憶力、傑出的論述天賦、豐富而深刻的哲學知識以及對抽象和深奧的哲學概念的明確解釋都給學生們留下了深刻的印象。

1910年為了取得副教授終身職位的資格，他曾去泰米爾納杜邦的賽達佩特市(Saidapet)教師學院進修，回來後教授心理學。同年還發表了如下論文：〈希臘倫理學中的本性與習俗〉、〈自我主義和利他主義〉、〈教育中的美德和宗教〉。

他在1911年獲得精神和倫理學終身副教授職位的任命。這一年，他在《國際倫理學》季刊上發表了〈薄伽梵歌和康德的倫理學〉，開始步入東、西方比較哲學的領域。當時國大黨極端派領袖B. G. 提拉克正被關押在曼達拉耶(Mandalay)監獄，撰寫《薄伽梵歌注》，拉

氏的文章引起他的注意，要求找到這篇論文給自己參考，並在後來
出版的著作前言中提到這篇論文。

牛津大學出版社於 1912 年把拉達克里希南的心理學講義印成
單行本，書名《心理學的本質》。全書包括導論、人與腦、意識及
其本性、心理的成長、知覺、空間和永恆的實在、幻覺、概念、感
覺、情感、自願的行為、禮貌等共11章。

1914年拉達克里希南在《國際倫理學》季刊上先後發表兩篇論
文，一是他的碩士論文〈吠檀多的倫理學〉，另一是〈吠檀多哲學
和幻的學說〉。再次闡明並發展了商羯羅的不二論觀點。

拉達克里希南首次與聖雄甘地見面是在他的友人納特桑 (G. A.
Natesan)家中。那是1915年，甘地剛從南非回到印度。這次會見的
情況，拉氏說「很糟糕」，在一些問題上，他同甘地發生爭執。甘
地告訴他不要喝牛奶，因為牛奶是牛肉的精華。拉達克里希南反駁
說，按照同樣的說法，母親的奶就是人肉的精華，那麼所有的人都
是食人族了。在談到醫療救濟品問題時，甘地說，很多人都是在缺
乏醫藥的幫助下在叢林中出生的。拉達克里希南反駁道，大量的人
也是死在叢林中的。甘地問道：「你怎麼知道的?」拉氏則反問他：
「你又是怎麼知道的?」最後，主人不得不出來打圓場，告訴甘地，
「你不知道他是一位邏輯學教授嗎?」爭論才算停止。後來，拉達
克里希南同甘地又有兩次有意義的會見。是年，拉達克里希南在《亞
洲評論》上發表了〈印度人關於戰爭的觀點〉，對第一次世界大戰
持反對意見。文章原來準備分兩次發表，但是續篇被檢查官以不允
許刊登反戰文章為由被扣壓了。這篇文章表現了拉氏思想的敏銳、
富於責任感和勇於讓世界了解印度的精神。

1916年，拉達克里希南被提升為教授，委派到安德拉邦拉賈芒

德里(Rajahmundry)的藝術學院任教，直到1918年。這一年他先後
在《國際倫理學》季刊、《求索》和《一元論》雜誌上發表了三篇
論文，即〈宗教與生活〉、〈柏格森的思想及上帝〉、〈吠檀多引向真
實〉。

　　拉達克里希南在長期閱讀和研究泰戈爾作品的基礎上，於1917
年寫出第一部專著《羅賓德拉納特・泰戈爾的哲學》，並在同年的
《求索》雜誌上連載。1918年倫敦麥克米倫公司出版了單行本。全
書分五章，第一、二兩章闡述泰戈爾的哲學，第三章是詩歌與哲學，
第四、五兩章分別說明泰戈爾對印度和世界的期望。關於泰戈爾的
哲學，他評價說：

> 泰戈爾的最高精神不是一種抽象的實在，不是寓於遠離世界
> 的保險櫃中。它是有形的、能動的，生活於諸事物的中心。
> 它能喚起風的吼聲和海的濤聲。羅賓德拉納特是整體的思想，
> 絕不容任何的分割。❹

這種評價也恰好表明了拉達克里希南本人的哲學觀。當泰戈爾讀完
這本書後，寫道：

> 你的認真和洞察力使我驚奇，我非常感謝你，因為這部書的
> 語言是如此優美而具有文學魅力，它擺脫了一切專業術語和
> 僅僅是一種學問的炫耀。❺

---

❹　K. S. Murty：《拉達克里希南：他的生平和思想》，頁24，德里英文版，
　　1991年。

❺　S. Gopal：《拉達克里希南傳》，頁34，新德里英文版，1989年。

1917年，拉達克里希南還在《思想》雜誌上發表了一篇論文〈柏格森的哲學是一元論嗎?〉。

1918年7月他調入剛建立不久的邁索爾大學並提升為帝國級的教授。同年在《印度哲學評論》上連載了〈詹姆斯・沃德的多元論的一神論〉論文。在邁索爾大學他邊教學邊研究，為他以後的重要著作做了充分的準備。1919年他在《思想》雜誌上又連載了〈柏格森與絕對唯心論〉論文。在這期間他還研究了西方許多著名哲學家的思想，如萊布尼茲的一元論，羅素的實在論，魯道夫・奧伊肯的新唯心論，威廉・詹姆斯的多元論等。

倫敦麥克米倫公司於1920年出版了他的第二部專著《在現代哲學中宗教的優勢》，內容包括：科學，宗教與哲學，哲學近期的趨勢，萊布尼茲的一元論，詹姆斯・沃德教授的哲學，柏格森和絕對唯心論，柏格森關於神的觀念，實用主義，威廉・詹姆斯的多元宇宙論，魯道夫・奧伊肯的新唯心論，羅素的新實在論，人格唯心論，以奧義書為基礎引向真實的暗示。全書共463頁。書中明確指出西方學者的各種各樣的主義和學說都帶有宗教的偏見，他們沒有頂住來自神學的壓力，最終都歸入一神論的宗教。然而哲學的職責不是給人某種信仰或某種觀念，而應是人類經驗系統性和理論性的總結。拉達克里希南認為宗教既不是哲學的基礎也不是哲學發展的動力。這部書出版後一時間引起國內外的注意，不少評論家讚揚他在哲學上的魄力、辯論的技巧和理智的熱忱，說該書充滿了戰鬥的理性主義。從此拉達克里希南便成了世界知名學者。同時他還在《印度哲學評論》上發表了〈奧義書的玄學〉、〈鮑桑葵的含蓄與一次性推理的評論〉，在邁索爾大學學刊上發表了〈宗教的未來〉。

1921年，拉達克里希南傑出的學識和才華被加爾各答大學副校

長A. 穆克吉(Asutosh Mookerjee)所賞識，當時加爾各答大學由英國總督府直接管轄，1904年建校，1906至1923年穆克吉連任副校長，他善於發現和選拔人才，一心想把這所大學辦成一座學習的聖堂，於是當「喬治五世精神和道德哲學」❻教授職位空缺時，就決定聘請拉達克里希南來校任教。起初還受到某些老專家和學者的非議，因為拉達克里希南畢竟是南方省辦大學的青年教授，當時他只有33歲，但是不久穆克吉便以拉達克里希南的著作和教學成果說服了大家，經過校評議會和管委會的討論通過，並得到印度政府的批准，正式調入加爾各答大學，任英王喬治五世精神和道德哲學教授。同年，他還發表了三篇論文：〈甘地與泰戈爾〉、〈宗教與哲學〉和〈提拉克是一位東方學者〉。

拉達克里希南在1922年發表的著作是：《印度教的核心》、《印度教的法》、《現代哲學》等。

在1923年倫敦喬治・艾倫和昂溫有限公司出版了他的巨著《印度哲學》第一卷，內容包括：導論，梨俱吠陀的贊歌，向「奧義書」轉化，「奧義書」的哲學，唯物主義，耆那教的多元實在論，早期佛教的道德理想主義，史詩哲學，《薄伽梵歌》的一神論，佛教是一種宗教，佛教諸派別。並提出對一些問題的進一步思考，作為全書的附錄。全書共11章，738頁。1929年再版，1928年曾將部

---

❻ 1911–1912年，印度首都由加爾各答遷至德里，當時英王喬治五世和王后瑪麗前來祝賀。為紀念他們對印度的訪問，A. 穆克吉副校長說服加爾各答大學校長哈丁勛爵(Lord Harding)在本校增設兩名教授職位，一名是喬治五世精神和道德哲學教授；另一名是哈丁高級數學教授。第一任喬治五世精神和道德哲學教授是賽爾(B. N. Seal)，拉達克里希南為第二任。

分章節譯為孟加拉文。此書於1940年又在印度國內再版，現已譯為多種文字，在世界各地發行，至1992年已出第15版。

《印度哲學》初稿基本上是在邁索爾大學執教期間完成的，在正式出版前，他曾徵求過許多專家的意見，充分考慮並接受了他們的建議。該書自始至終貫串着一種批判與繼承的精神，正如他自己所說，印度哲學許多體系的創始人都被崇奉為神，深入研究這些體系有助於弄清情況，我們當採用更為穩妥的觀點，並從古代一切都是好的這種沉重的觀念中將思想解放出來❼。我國學者張君勱先生對該書評價說：

> 羅氏❽之所以著此書者，不外告歐人以歐洲所有之各派哲學，無一非印度之所已有，良以愛其國者不忍坐視其先人之佳言懿行之淹沒而不加顯揚也。且惟子孫之尊重其先人，而後革新之效自隨之而至，不見歐洲宗教革命，其所呼號者曰回到聖經之本身乎，法國革命時代之所提倡者，不曰回到原始時代人人平等自由之狀態乎，是知真正之古，常有補於革新。❾

拉達克里希南正是以這種精神來弘揚古代印度哲學的。同年他還發表了兩篇論文，〈伊斯蘭和印度思想〉、〈宗教的共性〉。

1924年他發表了〈印度思想與基督教教義〉和〈印度人關於神的觀念〉。

---

❼　參見拉達克里希南：《印度哲學》，卷一，頁55。1992年，新德里英文版。

❽　張君勱譯名為羅達克立希納，簡稱羅氏。即拉達克里希南。

❾　張君勱：《中西印哲學文集》，頁1304，1981年，臺灣學生書局。

1925年他被選為「印度哲學大會」主席。這個組織是在二十世紀初開始醞釀成立的，當時哲學界的教師和學生都感到為了哲學的發展需要有一個民族的論壇。這種要求受到拉達克里希南的關注，當他的《印度哲學》第一卷出版後，便重新燃起建立一個論壇的願望，於是在拉氏和他的同行們奮鬥多年後，終於在1925年12月在加爾各答召開了「印度哲學大會」第一次會議。羅賓德拉納特・泰戈爾主持會議。會上除交流哲學見解外，還選出常設機構，拉達克里希南任主席，連任到1937年。1952年在加爾各答舉行25周年大會時，拉達克里希南又被選為總主席。

拉達克里希南的著作普遍受到西方學者的重視，他以西方哲學術語所表達的印度哲學思想易為西方人接受，他的聲望日隆，不斷接到歐美各大學的講學邀請。加爾各答大學為了使他的行程方便，專門組織了代表團，除到國外講學外，還參加國際學術會議。1926年他先到英國牛津大學曼徹斯特學院接受厄普頓(Upton)講座。這次講座名為〈印度教徒的人生觀〉，共分四講，第一講，宗教體驗：它的本質和內容；第二講，各種宗教的衝突：印度人的姿態；第三講，印度教徒的法（一）；第四講，印度教徒的法（二）。曼徹斯特學院把他的演講印成單行本，後來曾多次再版並譯成印度國內外的多種文字。在英國時，他還應劍橋大學倫理科學俱樂部的邀請，主講〈印度教的哲學基礎〉，共講三次。他被劍橋大學亞里斯多德學會吸收為會員。還參加了不列顛帝國大學生全球討論會。

同年他從英國到美國，應芝加哥大學比較哲學哈斯凱(Haskell)講座的邀請，主講了〈印度教的哲學〉。隨後參加了9月13日至17日在哈佛大學召開的第六屆國際哲學大會。在會上，他發表了兩篇論文：〈在文明史中哲學的作用〉和〈幻的理論：某些問題〉，都收入

在大會的文集中。

倫敦喬治・艾倫和昂溫有限公司在 1927 年出版了拉達克里希南的《印度哲學》第二卷。這卷也有十一章，共807頁。內容豐富，除導論和結論外，內容包括正理論(Nyāya)的邏輯實在論，勝論(Vaiśesika)的原子多元論，數論(Saṁkhya)，波顛闍利(Patañjali)的瑜伽論(Yoga)，前彌曼差(Pūrva Mīmāṁsā)，吠檀多經(Vedānta Sūtra)，商羯羅(Śaṁkara)的不二論(Advaita)吠檀多，羅摩奴闍(Rāmānuja)的一元論，濕婆(Śaiva)、性力(Śākta)和後期毘濕奴(Vaiṣnava)一元論等。至此，這部巨著已全部出齊。穆蒂(K. S. Murty)對這部書的評價說：

> 拉達克里希南的《印度哲學》是一部最優秀的作品，因為他不僅用細膩的手法闡明了印度主要宗教哲學的理論和體系，而且在風格上也是傑出的，它使歷史的、分析的哲學著作上升到文學創作的水平。❿

康吉(George P. Conger)也評論說：

> 他的著作和其他可能得到的印度思想史及其導論比較，有某些東西置於一幅與栩栩如生的油畫相聯繫的畫面中，拉達克里希南的繪畫不僅表現出他的主題，印度思想的面貌和形式，它還借用西方人的光和影的照射來潤色和襯托。⓫

---

❿　K. S. 穆蒂：《拉達克里希南：他的生平與思想》，頁39，德里英文版，1991年。

⓫　喬治・P. 康吉：〈拉達克里希南的世界〉，載《拉達克里希南的哲學》，

的確，《印度哲學》雖然不是一部比較哲學的專著，但他廣泛採用西方哲學的概念和術語，用來說明印度哲學的理論和思想，因此在東西方哲學和文化的交流與融合方面起到重要作用。這部著作的出版，在印度各大學中引起了哲學的復甦，並促使了比較哲學和比較宗教學的發展。

拉達克里希南在1927年還應安得拉大學的邀請，發表〈大學生與民族生命〉的報告。在加爾各答大學他開始從事比較哲學的研究，並與同事們合作，組織哲學社會學會議，每星期四下午，由學生或老師提出一篇論文，大家進行討論，後來成為「人文學科俱樂部」。同時他還被選為孟加拉各大學教師聯合會的會長。在第二次年會上，他對政府教育政策提出批評，指出英國政府的責任應培養具有創造性的思想家而不是政府的辦事員。

1928年他為英國倫敦歐內斯特・本(Ernest Benn)的叢書《神與當代世界》撰寫了一部小冊子《我們需要宗教》，全書共六章，內容有：當代信仰的趨勢，生物學的證據，宇宙的變化，對神的求索，真正的宗教生活，普遍的兄弟關係的理想。

同年冬季，拉達克里希南首次會見尼赫魯，當時尼赫魯正在加爾各答出席國大黨的年會，他主動拜訪了拉氏，不僅因為他在監獄中讀過拉氏的著作而傾慕他，而且還對拉氏計畫編寫的叢書感興趣。尼赫魯建議他寫一部《印度之魂》，他則請求尼赫魯為《新紀元》雜誌寫一篇文章。後來他們又多次在一起共事。

拉達克里希南這一年還發表了兩篇文章，一篇是對E. J. 托馬斯的印度哲學觀的答覆，即〈印度哲學——注釋〉；另一篇是為《新紀元》雜誌撰寫的文章，題目是〈改革和它的含意〉。該雜誌是由

───────────────

頁87，德里英文版，1992年。

他的大女婿創辦的。

1929年倫敦肯根・保羅(Kegan Paul)公司出版了他的《*KalKi*》（即《文明的未來》），內容包括：導論，消極的後果，問題，重建，共四章。同年英國大百科全書新出第14版，特邀拉達克里希南撰寫「印度哲學」條目，這是英國大百科全書第一次設定此條目。拉達克里希南為它寫了長達六頁的詞條，內容包括：吠陀時期（梨俱吠陀，奧義書）──史詩時期──六派哲學：正理論，勝論，數論，瑜伽，前彌曼差，吠檀多（商羯羅的不二論，羅摩奴闍的一元論，摩陀婆的二元論）。

是年，他赴英國講學，先在牛津大學曼徹斯特學院參加厄普頓(Upton)比較宗教學的講座，主講〈東西方宗教〉，11月又提出一篇講演〈渾沌與創造〉。12月他在同一學院的希伯特(Hibbert)講座中，主講〈理想主義的人生觀〉(*An Idealist View of Life*，或譯《唯心主義的人生觀》)。內容有對宗教的現代挑戰，取代宗教，宗教體驗和它的證據，理性與直覺，人的精神，物質、生命和思想，人類的人格和他的職責，最終實在。共分八章。後來在1932年正式出版。

1930年上半年他繼續在英國講學，為喬伊特(Jowett)講座提供《東西方宗教》講稿，為曼徹斯特學院的大學生佈道，他講的題目是〈改革要經過痛苦〉。 在這篇演講中他充滿了愛國主義的激情，提出只要印度還是一個附屬國，而不是自治領，那麼德國和意大利要是提出他們也應占有一份，大不列顛就不能怪怨人家。他在英國的講演與聖雄甘地在印度國內開創的自治運動，精神是一致的。他還為倫敦的印度學生之家做了〈知識分子的責任〉講演，後來收錄在《自由與文化》一書中，於1936年正式出版。

他於1930年10月份由英國回印度，途經科倫坡（今斯里蘭卡首

都）時，發表〈佛陀的使命〉演講。回到印度後，於10月10日在邁
索爾大學集會上發表〈教育與民族主義〉的演說。12月23日又在旁
遮普大學集會上發表了〈為領導能力而訓練〉的演說。

拉達克里希南於1931年經安得拉大學評議會審核通過，由加爾
各答大學調入安得拉大學任副校長。這個學校當時建校只有五年，
百業待興。拉達克里希南上任後，全心全意投入建校工作中。他從
全印各地聘請專家、教授，不分種姓和階級，不論地區，廣泛收集
人才。在短短三年中，便建立了歷史、泰魯固語、藝術、哲學、數
學、經濟、政治、外語、技術、商業等系科，並招收了研究生，建
立了研究院。隨後又開展建設校舍和學生宿舍的工作，為此，他廣
泛交結朋友，尋求資助，得到地方王公的上百萬盧比的捐贈。到1935
年又增設了醫學院，由於醫療設備不足，印度醫學委員會沒有承認。
拉達克里希南只好再度奔波於各個政府主管部門，請求撥款購置設
備，直到1936年夏季他再次赴英國講學為止。

在安得拉大學擔任副校長的五年中，他共出版三本專著：1.《東
西方宗教》，這是1929至1930年在英國講學和佈道的內容匯編，1933
年正式出版；2.《自由與文化》，這是1930年以來在各大學集會上的
演講匯編，1936年由馬德拉斯G. A. Natesan公司出版；3.《印度斯
坦的核心》，這是拉達克里希南以往的講稿匯編，於1936年在馬德
拉斯出版。此外在這期間他還主編了《當代印度哲學》，為不少著
作撰寫了序言，發表了部分論文等。

1936年，牛津大學聘請他做為斯波爾丁 (Spalding)「東方宗教
和倫理學」教授，第三次赴英講學，條件是從1936年起，每年1-6
月講學半年，7-12月回印度工作。為此，他辭去安得拉大學副校長
的職位，每年下半年仍在加爾各答大學任「英王喬治五世精神和道

德哲學」教授。在牛津大學他主講了〈東方宗教和西方思想〉，並於1939年由牛津大學正式出版，後來又多次再版，並譯為世界多種文字。內容包括：世界未來的靈魂，最高精神的理想——印度人的觀點，印度思想中的神祕主義和倫理學，印度和西方的宗教思想：希臘，印度和西方的宗教思想：基督教（一）、（二），希臘、巴勒斯坦和印度，宗教的匯合，在印度教中的個人與社會秩序。共九章，近400頁。在這部著作中他充分運用了比較宗教和比較哲學的方法，以大量事實和材料說明自古以來東西方思想便有互通之處，世界是一個整體，生活在不同地區的不同民族的思想和文化均構成全人類總體意識的一個部分，因此人類應該合作，為共同的信仰而工作。我們只有一個上帝，那就是人類的共性。

在1936至1939年間，除在牛津大學講學外，拉達克里希南還在國內外不同場合發表多次演講，在英國他講述〈精神自由和新教育〉、〈進步和精神的價值〉、〈神祕主義和印度思想〉；在約翰內斯堡南非電臺，他講述〈南非的未來〉、〈文明和正義〉；在印度國內一些大學和電臺，他做過〈宗教與政治〉、〈民主，一種思想的氣質〉、〈文化無國度〉、〈印度和中國〉等演說。1937年曾出版自傳《我對真理的追求》。1939年為紀念甘地70壽辰而編輯的論文集，由拉達克里希南寫了導論。

1939年7月，拉達克里希南再次回到印度，這時貝拿勒斯印度教大學準備聘請他擔任副校長，起先被他拒絕，他知道該大學財政危機，他沒有能力去解決，而且他自己的教學任務也過於繁重，沒有精力去從事行政工作。但在貝拿勒斯大學創辦人的懇切要求下，他不得不勉為其難。條件是只起協調和指導作用，一切具體工作仍由前任副校長負責。於是，他開始往返於加爾各答和貝拿勒斯兩所

大學之間，在貝拿勒斯大學他還開設《薄伽梵歌》的大課。到1940年，第二次世界大戰爆發後，拉達克里希南每年一度赴英去牛津大學的講學任務不得不暫停，這時他才集中精力投身於貝拿勒斯大學的建設事務中去。他辭去加爾各答大學的教授職務，一心一意為貝拿勒斯大學的財政困境尋求出路，他四處求援，增設多種基金會，取得社會各方面的資助。

貝拿勒斯印度教大學不同於安得拉大學，它是當時印度國內最大的大學，共有39個系，130個學科。校內政治背景複雜，在教師和行政管理部門中，組織了各種政治團體，其中國大黨也不時地在校內提出各種希望並引起爭論，社會上的政治風波對學生和教員具有強烈的影響。1941至1942年正是印度獨立運動史上最洶湧澎湃的兩年，當時甘地提出「英國滾出印度」的口號，並號召學生罷課、遊行，走出校園參加「堅持真理」的鬥爭。英國政府懼怕民眾的政治運動日漸擴大，提前逮捕甘地和其他國大黨領袖，這便更加激起了群眾的憤慨和反英情緒，學生和教員紛紛上街遊行。在這種情況下，拉達克里希南為了確保教員和學生的安全，命令關閉校園、要求學生離開宿舍。1941年8月19日警察和軍隊進入校園，拉達克里希南一面嚴厲阻止，警告警方，大學教師完全可以擔負起保衛學生的職責，另一方面則向邦政府提交抗議書，嚴肅指出：如果那些學生或學校職員有犯罪行為，應該訴諸法律，決不能以警察和軍隊來干涉大學的正常職能，何況並未發現學生與不良分子有何聯繫，校內情況也不比其他教育部門差，對政府的行為只能深表憤慨和不安。隨後，拉達克里希南又去會見總督，迫使政府官員不得不命令軍警撤出大學。拉達克里希南的勇氣、堅韌不拔的鬥爭精神，博得了全校師生的好評。在1942年的選舉中，他連任大學副校長，直到戰爭

結束，他才恢復赴英講學的任務，繼續任斯波爾丁「東方宗教和倫理學」教授。

在貝拿勒斯印度教大學擔任副校長期間，他還發表了多次演講，如〈教育、政治和戰爭〉、〈印度教徒和穆斯林的關係〉、〈唯有真理才能獲勝〉、〈真正的自由〉、〈教育的目的〉、〈大學生〉、〈印度的世襲財富〉、〈孟加拉饑荒與印度政策〉、〈宗教和社會服務〉等。這些演講於1944年在浦那結集出版，名為《教育、政治和戰爭》。

在此期間，他還應中印學會的邀請，於1944年5月6日至21日來華，在重慶講學，主講中印兩國古代思想和宗教，強調中印兩國具有共同的精神文化背景和復興兩大文明的共同理想，受到當時中國學術界和教育界的熱烈反應。當時中印學會監事長戴季陶曾親筆題詞贈送橫幅。張君勱先生專門寫了紀念文章，題為〈印度哲學家羅達克立希納學案〉。文中闡述印度思想的價值，羅氏生平之志行，完成第一部印度哲學史，羅氏的方法論及他在印度哲學家中的地位等等，共分五個部分，最後還做了結論。張君勱文中對拉達克里希南淵博的學識、比較哲學的業績極為讚賞，他認為拉達克里希南

> 其鴻博淵深，不獨我人有瞠乎後矣之嘆，即求之西方大哲，亦且望塵莫及。彼為印度人，自於吠陀，吠檀多，佛教及六派哲學之書無不窺見，其於歐洲之哲學，上自柏拉圖、亞歷斯大德，下迄於近代之康德、黑格爾，與柏格森、懷悌黑之書，無不爛讀胸中，即歐洲中世以來之神學名著與夫現代社會學家關於原始宗教之著作，決不鄙視而拒絕之。惟其所抱之宏願為革新印度宗教，為改造印度思想，則上天下地各種宗教各種哲學之材料，何一不可為我參考之資，此其所以成

為「肴饌百家」之大思想家也。彼既讀破萬卷書，於東西文化，能抉發其所以得失之故，雖對西方學者批評其文化所以受病之由，而西人且無異辭。嗚呼羅氏，豈惟印度之學者，謂為有功於世界人類之大思想家可也。[12]

拉達克里希南在中國講學的內容，同年在孟買印成單行本，書名《印度和中國》。 內有前言，導論，中國和印度，中國的教育理想，中國宗教（孔教），中國宗教（道教），戰爭與世界安全等章節，共有6章。

第二次世界大戰結束後，拉達克里希南於1946年率印度代表團參加聯合國教科文組織的工作，任期八年。同時還在牛津大學講學。

1947年印度獨立，這時拉達克里希南已成為著名的民族主義者，曾不止一次地與甘地和尼赫魯合作。他成為憲法委員會的成員，大學教育委員會的主席。1949年印度政府任命他為駐蘇聯大使，直到1952年。

在這期間他出版了不少專著，如：一、《宗教和社會》，這是1942年冬他在加爾各答和貝拿勒斯大學的講稿，1947年在倫敦出版，1949年譯為印地文。內容包括：需要宗教，宗教的啟示和新的世界秩序，印度教的法，印度社會中的婦女，戰爭和非暴力，共五章。二、《薄伽梵歌注》，1948年倫敦出版，內容有導論，梵文原典及英文譯文，注釋。後來又在美國紐約出版，並譯為法文、瑞典文、印地文、馬拉提文等多種文字。三、《法句經注》，1950年倫敦牛津大學出版，內容有導論，巴利文原典及英文譯文，注釋。四、《精神的宗教和世界的需要》，是拉達克里希南的自傳，1952年紐約出版。

---

[12] 張君勱：《中西印哲學文集》，頁1314，臺灣學生書局，1981年。

另外他還發表了一系列的講話，如〈印度的影響〉(1947年)，〈科學與宗教〉(1947年)，〈亞細亞精神〉(1947年)，〈獨立日廣播講話〉(1947年)，〈聖雄甘地〉(1948年)，〈印度文化〉(1948年)，〈科學和哲學〉(1950年)等。

1949年他還和許多教授合作，起草了大學教育委員會的報告，在新德里正式出版。報告的內容涉及大學教育的各個方面，有歷史的回顧，大學教育的目的，教授的標準，教學課程及研究生的培養，宗教教育，教育方法，考試，學生的活動和福利，各大學的情況等。

1952年拉達克里希南被選為印度副總統，連任到1962年，1962年至1967年又被選為印度共和國總統。

拉達克里希南在任副總統和總統的從政期間，一方面為國事操勞，奔波各地，出席各種會議，多次發表演說，內容廣泛，從文化教育到工農業生產，從國際交往到鐵路運輸，無不打上他關注的印記。另一方面，始終不斷地堅持他所熱愛的哲學研究。1952年他發表〈對評論的回答〉，就四個方面的問題，再次闡明自己的學術觀點。首先是玄學問題，包括哲學與宗教，直覺與理性，唯心主義，神和絕對，個體的地位，世界的狀況與「幻」的學說，玄學與倫理學，沉思與行動等諸方面的問題，表達自己的看法；其次是宗教問題，分為三個專題來說明，即自然主義與宗教，各種宗教與基督教的比較研究，哲學與神學。再次是哲學史的問題，做了歷史的說明，並論及東方與西方，以及中國宋代的儒家思想。最後是關於道德、社會與政治哲學等問題。拉達克里希南根據國內外專家、學者對他的學術觀點所提出的質疑和評論，一一作了詳盡的回答。同年，他還發表〈宗教和世界危機〉一文，並在倫敦出版了一本比較哲學的專著《哲學史：東方和西方》。

1953年，他主編《主要奧義書》。

1955年，在美國紐約出版《信仰的再現》， 1956年在英國倫敦出版《東方和西方》。

印度政府在1956年編輯出版他的第一部演講與著作集，時間自1952年10月至1956年1月。其中有關哲學與宗教的內容有：在桑奇大菩提會的演說，紀念辨喜92歲誕辰的演說，宗教的社會使命，印度宗教思想與現代文明，共同研究偉大的宗教，在人類生活中宗教的地位等。在1957年，政府繼續編輯出版他的第二部演講與著作集，時間自1956年2月至1957年2月。其中有關宗教哲學的文章主要是紀念佛陀誕辰2500年的文章。同年，他還同查爾斯・摩爾(Charles Moore)合作，編輯出版了《印度哲學原始資料集》。

應中華人民共和國政府的邀請，拉達克里希南在1957年9月18日至26日訪問了中國，在北京，他受到當時國家領導人的隆重接待。在訪問期間，他曾為在北京舉行的「印度展覽會」開幕式剪彩。

1959年，在英國倫敦出版了拉達克里希南研究印度古代重要典籍的一本專著《梵經：生命的哲學》。

1960年，印度政府把拉達克里希南從1952年10月到1959年2月的演講和著作重新匯編出版，同時，拉達克里希南還和P. T. 拉哲(P. T. Raju)共同主編《人的概念》一書，由拉達克里希南撰寫前言。

1961年美國哈佛大學出版了他的《共同的精神》。

為紀念泰戈爾誕辰一百周年(1861-1961年)，拉達克里希南在1962年連續發表了兩篇文章，即〈哲學家泰戈爾〉和〈泰戈爾與神的親證〉。翌年，為紀念辨喜，他又寫了〈斯瓦米・惟韋卡南達——一位神聖「邏各斯」的代言人〉一文發表。

1963年，印度政府繼續編輯出版拉達克里希南第三部演講與著

作集，時間自1959年7月至1962年5月。1965年印度政府又編輯出版
《總統拉達克里希南的演講與著作集》，時間包括1962年5月至1964
年5月。1967年印度政府續編《總統拉達克里希南的演講與著作集》
自1964年5月至1967年5月。至此，印度政府前後六次編輯出版拉達
克里希南的演講與著作集，從1952年10月到1967年5月拉達克里希
南的演講和著作比較完備的搜集起來，對研究拉氏這段時間的思想
和言論提供了便利的條件。

在1967年，英國倫敦還出版了他的《在變化世界中的宗教》一
書，同時，在查爾斯・摩爾主編的《印度思想》中，拉達克里希南
寫了〈印度人對宗教問題的探討〉一文。

1967年之後，拉達克里希南隱退，當時他已年近八旬，但他仍
然執著地追求畢生的事業，孜孜不倦地從事哲學研究和著述。1968
年他出版了《宗教與文化》，1973年出版了《我們的世襲財富》，
1975年出版了《創造的生命》，　這也正是他的一生總結。他是在長
期堅忍不拔的追求真理的道路上，創造了自身也影響了客觀世界和
子孫後代。他不愧是印度的偉大哲學家，柏拉圖所預言的「哲學家
國王」；也是世界傑出的東西方比較哲學家和比較宗教學家。

1975年4月17日，拉達克里希南病逝於泰米爾納杜邦的邁拉波
爾(Mylapore)，享年87歲。

對於拉達克里希南哲學思想的研究和評價，在他生前和死後都
有很多國內外知名學者做了不同方面的闡述，其中尤以美國1952年
出版的《在世哲學家叢書》最具代表性。該叢書將《S. 拉達克里希
南的哲學》單列一卷，除包括拉氏自傳和他對評論的回答外，還收
集了二十三位著名人士的文章，他們評估了拉氏的自然主義思想，
理性和直覺論，倫理觀，精神的宗教，一元論和絕對論，他的神秘

主義思想和比較哲學研究，對吠檀多哲學的發展以及對印度思想的影響等。1992年印度重新出版了這部書。據叢書主編稱，在世的哲學家，被收入叢書的唯有拉達克里希南是一位非西方的思想家。可見拉氏在當代世界哲學界和思想界的地位之高。

拉達克里希南去世後，他唯一的兒子薩爾維巴里·戈帕爾 (S. Gopal)為他撰寫傳記，其他著名哲學家K. S. 穆蒂(Murty)，D. P. 恰托帕底亞耶(Chattopadhyaya)和著名政治家R. N. 梅農(Minor)等人都寫了他的傳記。他們如實地反映出他在想什麼、做什麼，又是如何想、如何做的，對他的所想所為都給予極高的評價。

拉達克里希南不是一位象牙塔中的哲學家，他是行動的哲學家，以他的哲學思想和行為溝通東方和西方，人與人，神與神，理性和直覺，宗教和哲學，道德和社會。他為印度哲學的復興奉獻自己的一生，也為世界哲學的發展竭盡畢生的努力。他的確寓於平凡與偉大之中，寓於小我和大我之中，不愧為人中之傑。

第三章 對吠檀多不二論哲學的繼承和發展

拉達克里希南的世界觀屬於新吠檀多主義，它是吠檀多不二（一元）論傳統思想在二十世紀新形勢下的發展結果，其主要特點是在承認原有吠檀多本體論的前提下，更加強調了它的實踐性，科學性和人的能動性。

在印度，吠檀多哲學具有悠久的歷史，它從西元一世紀正式形成獨立的派別以來，在印度哲學史上一直成為占統治地位的思想，今天仍然如此。所以，在正統的六派哲學中，即數論、勝論、正理論、瑜伽論、彌曼差論和吠檀多論中，它是最重要的一支。同時也是婆羅門教和印度教的理論基石。

吠檀多(Vedānta)的含意是「吠陀的終結」，或譯為「圓滿的吠陀知識」。它是對廣義的吠陀文獻，尤其是對「奧義書」哲學研究的最高成果。有時也稱為「後彌曼差」(Uttara-mimāmsā)或「梵彌曼差」(Brahma-mimāmsā)，以區別於研究吠陀祭祀為主的「前彌曼差」(Purva-mimāmsā)或稱「業彌曼差」(Karma-mimāmsā)。

相傳，吠檀多派最早的創始人是跋達羅衍那 (Bādarāyana)，其生平不詳，大約生於西元前一世紀，著有《梵經》留於後世。《梵經》又稱《吠檀多經》或《廣博經》，為吠檀多派的根本經典。現存的《梵經》大約在西元200年至450年之間編輯成書，全經共四編

十六章555節。主要內容是：

第一編，論世界最高原理——梵。包括總論和對奧義書中有關梵、我、原初物質和諸種元素說的解釋，以及對數論的評述。

第二編，評論和批判當時流行的各種哲學派別和學說。包括數論的原初物質，勝論的極微學說，佛教的一切有部、經量部、中觀派和瑜伽行派的學說以及耆那教的或然論等。並在批駁他派學說之後，闡明了本派關於梵、我的理論。

第三編，進一步論述梵與我的關係，並涉及認識的來源和修行者的實踐生活。

第四編，論述業、輪迴和解脫，即親證梵所獲之果。

從《梵經》的中心思想來看，仍然是歸納和總結了「奧義書」中有關梵、我、幻三者之關係的哲學本體論問題。

《梵經》認為「梵」（也稱大我）是宇宙萬物的終極原因，是世界產生、持續和解體的根源。「世界由梵而起，並歸入梵」(1,4,25)，因此「梵」既是世界的質料因和動力因，也是世界的形相因和目的因。「梵」本身則是實在的、常住的、純淨的和理智的，它在本質上是自由的和全知全能的。這種對梵的看法完全繼承了奧義書的思想。如《白騾奧義書》說：

> 高於這（世界）的是梵。（這）最高的，偉大的（梵）隨眾生的身體藏於其中。認識（梵）這一所有（事物）的包容者（或）主宰者，就將變得不朽。(6.7)
>
> 沒有什麼高於他，沒有什麼小於他，沒有什麼大於（他），（他）如樹而立，立於天上。由於他，由於（這最高）者，整個這（宇宙變得）充實。(6.9)

這（最高我）是一切的創造者、一切的知者、自我產生者、認識者、時間的作者、性質（的具有者）、世俗存在之因、解脫之因。(6.16) ❶

又如《喬尸多基奧義書》說：

他（最高我）是世界的保護者；他是世界的統治者；他是世界的主宰者；他是我的阿特曼（小我）……(3.8) ❷

《梵經》要說明的另一概念是「我」（也稱小我、生命我，或音譯為阿特曼）。《梵經》認為，小我是大我的顯現，正如燈和燈光的關係，或如瓶子內外的虛空，其本質同一。然而小我又不同於大我，大我常住不滅，小我受名色所限而非永恆；大我歡喜安住，無苦樂之用，小我卻能感受苦樂，承擔業報，經受輪迴。因此《梵經》中對我的解釋只是繼承了奧義書中的部分思想而非全部。《梵經》對梵我關係的說明，後人稱其為「吠檀多不一不異論」。

至於「幻」的概念，在哲學史上有多種解釋。梵文Māyā（摩耶）一詞，最初指「技藝」、「智慧」或「超自然的力量」。後來演變為「幻覺」、「非真實」、「迷惑」、「詐騙」、「巫術」、「魔法」、「有魔力」等。此詞在奧義書時代已經出現，將原初物質（自性，Prakṛiti）稱為虛幻。如《白騾奧義書》說：

---

❶ 引自姚衛群編著：《印度哲學》，頁225，北京大學出版社，1992年，北京。

❷ 同上，頁226。

　　唱讚，與祭祀

　　禮儀，兼誓約，

　　過去，及將來，

　　《韋陀》之述作，

　　凡此固皆是，

　　摩耶主所拓；

　　其餘一於此，

　　亦被摩耶縛。(4.9)

　　自性即摩耶。

　　當知摩耶主，

　　即是大自在。

　　其分為萬有，

　　遍漫此世界。(4.10)❸

　　這裡不僅說明自性（物質）是摩耶，也說明萬事萬物均由摩耶主所拓，而摩耶主即是大自在天神。

　　此後吠檀多哲學便把物質世界（包括客觀物質世界和個我）稱為「幻」。有時則將梵、我、幻作為三個概念，「幻」只意味著客觀世界。

　　《梵經》只強調了梵我之關係，在提到摩耶一詞時，只說夢中所經歷的事物是摩耶，因為在夢中，事物的本性不能完全清晰地展現出來。但是《梵經》沒有明確「世界為幻」的觀點。

---

❸　引自徐梵澄譯：《五十奧義書》，頁409-410，中國社會科學出版社，1984年，北京。

　　正因為《梵經》經文過於簡略，許多概念模稜兩可，因此後人在注釋該經時便出現了意見分歧，以至於在吠檀多內部分裂為許多派別。最主要的可歸納為四派，即商羯羅的不二論，羅摩奴闍的制限不二論，摩陀婆的二元論和後期筏羅婆的純淨不二論。拉達克里希南則是繼承和發展了商羯羅的不二論世界觀。

　　商羯羅(Śaṃkara)，生卒年有各種說法，大約生於西元七至八世紀。出生地為西南印度馬拉巴爾(Malabar)海岸的卡拉迪(Kāladi)。屬婆羅門種姓。其家庭為傳統的印度教濕婆派信徒。少年時期曾從師於牧尊(Govinda)，學習五明❹和吠陀經典。牧尊則是不二論始祖喬荼波陀(Gauḍapāda)的學生，因此商羯羅從小便受到吠檀多不二論的影響。長大後他遍遊印度各地，從事印度教的改革活動，創立「十名教團」組織並在印度四處地方建立了四座修道院，即南印邁索爾省的斯林吉里 (Śringeri)，北印喜瑪拉雅山的巴德里納特 (Badarināth)，東印奧里薩省的普里(Pūri)和西印古吉拉特省的德瓦拉卡(Dvārakā)。於三十二歲時在喜瑪拉雅山的克達納特(Kedārnāth)去世。主要著作有《梵經注》、《薄伽梵歌注》、《廣林奧義書注》、《我之覺知》、《問答寶鬘》、《五分法》和《示教千則》等。

　　不二一元論(Advaita)並非由商羯羅首創，早在奧義書時期便已明確提出「梵我如一」的思想。到喬荼波陀時（約西元五至六世紀）已形成系統的理論。他著有《蛙氏奧義頌》（又稱《聖傳書》或《阿笈摩論》）共四章215頌。其中在論述梵、我、幻的關係時提出：世界最高原理是梵，也稱最高我。最高我根據擺脫外界事物的經驗和

---

❹　五明指五種學問：一、聲明，聲韻學和語文學；二、工巧明，工藝、技術、曆算之學；三、醫方明，醫藥學；四、因明，類似邏輯學；五、內明，自派哲學理論。

印象的不同程度分為四位。第一位是普遍位，此時最高我處於清醒的意識狀態，可覺知外界的事物；第二位是光明位，此時最高我處於夢眠的意識狀態，雖然擺脫了對外部事物的覺知，但能覺知內部的精神對象；第三位是智慧位，此時最高我處於熟睡的意識狀態，可擺脫對內外事物的一切覺知；第四位是最高我的真實位，此時最高我完全處於自由狀態，既無主客觀的對立，也無因果、時空的限制，最高我此時便是梵，也就是人的心性。梵和個我在第四位時已融為一體。物質世界及其運動則是最高我通過自身的一種魔力創造出來的，它是一種幻象，非真實的存在，如同將繩看作蛇一樣。所以喬荼波陀最終持一元論，認為唯有最高我（梵）才是萬物的始因，它永恆、常住、自由、真實。個我和萬物則與梵同一不二，他們源於梵並回歸於梵。

商羯羅則是不二論的集大成者並富於獨創精神。他對梵、我、幻的關係作出如下解釋：

他認為梵（最高我）是世界萬物的始基，萬物由梵而產生，依梵而維持，最終仍歸於梵。梵本身卻是無屬性的，正像《廣林奧義書》(3,8,8) 所說：不滅者梵是「不粗，不細，不短，不長，不紅，不潤，非影，非暗，非風，非空，無黏著，無味，無嗅，無眼，無耳，無語，無意，無光，無氣，無口，無量，無內，無外」。既不是這個也不是那個。梵只是永恆、純淨、無縛、自如。

但是當人被無知、無明所遮縛時，便會由下智去看梵，於是給梵便附加了種種屬性，誤認為梵是全知全能的，無所不包的，是有形相，有人格的。這樣梵被人為地作了區分，限定了屬性和差別。商羯羅考慮到人有上智與下智之分，為了使下智的世俗人最終獲得具有上智的解脫靈魂，故將梵分為上梵與下梵，上梵是無屬性的真

梵，具有上智的聖者可以直接領悟；下梵則是有屬性的或人格化的
梵，以便使世俗人領悟，並進一步通過下梵認識和親證上梵。這種
觀點是吸收了佛教中觀派龍樹的「二諦說」，通過「俗諦」而了悟
「真諦」。

　　關於個我，商羯羅認為，其屬性有五個方面：一、有粗身和細
身（物質和靈魂）；二、有生氣（氣息）；三、有五種行動器官(舌、
手、足、大遺、生殖)；　四、有五種感覺器官（眼、耳、鼻、舌、
身）；　五、有內宮，即心。人的這五種屬性，商羯羅認為只是世俗
人以下智來看的結果，將個我只看成命我或「具有身體之物」。但
實際上如果從上智來看，個我卻是梵的映現，梵不但產生了個我而
且控制著個我的統覺。梵是個我的主宰神（大自在天）。他認為真
正的個我不是物質性的身體，而是精神性的靈魂，他寓於人的內心，
小於芥子，卻與梵同體不二。

　　關於物質世界，商羯羅明確提出：

　　　　「世界即為幻」，是梵的幻現。梵與世界的關係，他譬喻為大
　　　虛空與瓶內小虛空的關係，兩者雖然在本質上同一，但是小
　　　虛空被瓶所限，有一定的差別，必須從上智來看，才能消除
　　　瓶限，認識內外的同一不二。由於商羯羅對「幻」的解釋不
　　　明確，所以後人有不同的理解並且產生了許多疑問。如「摩
　　　耶如果作為世界的質料因，那麼梵是它的根源嗎？如果梵是
　　　質料因，那摩耶是梵的輔助因嗎？又，如果摩耶作為原因，
　　　那麼梵是超越原因性的嗎？」❺

---

❺　孫晶：〈商羯羅與「示教千則」〉，載中國社會科學院：《南亞研究》，
　　1994年，第一期，頁54。

對商羯羅的「幻論」究竟應該如何理解，這正是拉達克里希南對不二論吠檀多的發展與貢獻。

繼商羯羅之後，羅摩奴闍(Rāmānuja，生於1027年)提出了制限不二論，也稱為差別不二論或局限一元論。他認為梵和現象世界既是一又是異。梵是宇宙萬物的最高本體，但是他卻以毗濕奴的化身下凡人間，普濟眾生。梵與毗濕奴同體異名，都是全智、全能、無暇和無所不在的實體。個我和物質世界都是由梵或毗濕奴創造出來的，個我是梵的精神力的表現，物質世界則是梵的非精神力的表現，兩者與梵的關係在本質上相同，但在形式上不同。其不同處在於梵是作者，個我和世界是受者；梵無差別；個我和世界具有複雜的多樣性；梵無縛、無限，個我和世界可感受苦樂，有生有滅。梵與現象界的關係，他譬喻為泥土和陶器的關係，陶器的本質是泥土，但形式上與泥土相異，故稱有差別或有限制的不二論。

羅摩奴闍還對商羯羅的幻論提出異議。認為不但梵或毗濕奴是真實的，世界和個我也是真實的。梵不是通過魔力幻化為世界，而是一種真實的創造過程。這些觀點均反映在他對《梵經》的注釋本《吉祥注》中。

繼羅摩奴闍之後，另一位著名的毗濕奴派的吠檀多哲學家是摩陀婆 (Madhva, 1199-1278)。他對梵我之間的關係持二元論的觀點，認為梵和現象世界存在著真正的、永恆的區別。這種區別有五個方面：一、梵和個我有別；二、梵和物質世界有別；三、不同的個我之間有別；四、個我和物質世界有別；五、不同的物體之間有別。儘管梵是現象世界產生、發展和消亡的最終原因，但是現象世界也是真實的存在，有其獨立的個性。他在《梵經注》中寫道：

不能說世界自身是非存在，或非存在自身是世界，因為這(世界)實際被感到，(還)因為(世界是)準確知識的對象。**❻**

在另一處寫道：

一個相同的「我」(同時)存在於所有的身體中是不可能的，(這)是與事實及情理相抵觸的。**❼**

摩陀婆還提出梵的化身是毗濕奴，毗濕奴的兒子是風神伐由(Vāyu)，伐由曾以三次化身降臨人間拯救眾生，第一次以神猴哈奴曼(Hanumān)，第二次以毗摩王(Bhima)，第三次便是摩陀婆本人。以此來號召民眾，發動虔誠派運動，進行宗教改革。

後期吠檀多的純淨不二論，以筏羅婆(Vallabha, 1479-1531)為代表。他認為梵和個我與物質世界的關係，如同燃燒的火燄與火花的關係。梵是單一的、獨立的存在，他為了擺脫這種孤單的處境，便創造了個我和世界，於是梵由一變為多，所以梵和現象界在本性上純淨不二。他認為商羯羅的不二論只能稱為「單調的不二論」，因為現象界在商羯羅看來是虛幻的，唯有梵是真實的。而筏羅婆卻將個我和物質世界看成是梵的真實創造過程。他還對梵和個我本身作了新的解釋。提出梵的化身即是黑天(Kṛṣṇa)，它不僅是世界的創造者，也是享受者，其本性是「真一知一樂」。個我有三種，即：自在力的「純粹我」；經驗生死的「輪迴我」和具有明知的「解脫我」。

---

❻　姚衛群編著：《印度哲學》，頁319–320，北京大學出版社，1992年，北京。

❼　同上，頁313。

「解脫我」即是梵或黑天神。

吠檀多哲學具有近二千年的歷史，除以上數種派別外，尚有二元不二論，性力制限不二論，不思議不一不二論，不思議不一不異論，還有濕婆派，克什米爾濕婆派，濕婆悉檀多派，性力派等以有神論觀點對《梵經》的解釋。而且各派本身還有不同時期的代表人物。因此吠檀多哲學的歷史既漫長又複雜，對梵、我、幻的解釋更是同中有異，異中又有微妙之異趣，這裡只是略談點滴，以便闡明拉達克里希南對不二論吠檀多哲學的發展。

拉達克里希南在《印度哲學》中用了五分之一的篇幅，共四章340頁，全面系統地對吠檀多哲學做了介紹。其中包括：一、關於吠檀多派根本經典——《梵經》的作者，成書年代和主要內容的介紹。闡明了《梵經》對梵、世界、個我和解脫的基本觀點，以及吠檀多派與其他學派的關係。二、關於商羯羅的吠檀多不二論，系統地闡明了商羯羅的生平，有關他生卒年月的不同意見；全面介紹了不二論哲學的主要文獻，重點介紹了喬荼波陀著的《蛙氏奧義頌》，並分析了該書的玄學、倫理學和宗教學的基本觀點及與佛教的關係。對於商羯羅的學說，拉達克里希南闡述了商羯羅與奧義書和《梵經》的關係，商羯羅與佛教和其他學派的關係，商羯羅自身的認識論，他對實體、時間、空間、因果、現象世界、梵和我的基本論點及其倫理觀、解脫觀和幻論等。在闡明商羯羅認識論的同時，拉達克里希南還把它同西方的康德、柏格森和布雷德利的觀點作了比較，認為他們的認識論最終都引向真實。三、關於羅摩奴闍的理論，拉達克里希南介紹了他的認識論，對神、個體靈魂、物質世界的觀點，以及他的倫理學、宗教解脫觀等。四、關於濕婆派、性力派和後期毗濕奴派的理論，拉達克里希南重點介紹了濕婆悉檀多派和克什米

爾濕婆派的學說，他們的主要文獻，他們的玄學、倫理學、認識論和宗教觀。後期毗濕奴派的理論，主要闡述了摩陀婆的二元論，尼姆帕爾格(Nimbārka)的二元不二論，筏羅婆(Vallabha)的純淨不二論，賈伊登耶(Caitanya)的不思議不一不二論，和巴拉提婆(Baladeva)的不思議不一不異論等。

拉達克里希南闡述的重點是商羯羅的不二論，這正是他本人世界觀的基石。下面分別敘述拉達克里希南對最終實體、物質世界、個體靈魂以及三者關係的看法。

（一）關於最終實體的地位和性質

拉達克里希南首先明確指出哲學的任務是探索構成存在基礎的真理。他說，當科學在談論存在的客體時，哲學卻設法去觀察隱藏的結構，揭示和分析導致本體論的實在論的思想。那麼拉達克里希南的實在論是什麼呢？他在〈精神的宗教和世界的需要〉這一「自白的片斷」中回答了這個問題。他說：

> 存在(Being)具有首要地位，在這個世界上本來意義的生存(existence)是指存在的生存，從這裡產生出世界。存在是一切生存的基礎。儘管存在本身不是任何存在物，它不是某些東西，如一塊石頭或一棵樹，一種動物或某個人那樣。❽

但是

---

❽ 拉達克里希南：〈精神的宗教和世界的需要〉，載《拉達克里希南的哲學》，頁38。

我們通過研究存在物卻能披露存在的本質，雖然我們無法證
實它，但卻能知道沒有存在就沒有可能生存的東西，存在是
在一切生存之中。❾

那麼，存在究竟是什麼呢？拉達克里希南說，存在，在奧義書
中就是「梵」；在聖·托馬斯·阿奎那那裡就是上帝，他把上帝稱
為存在(Being)或實在(Esse)，既簡潔又單純；而在黑格爾那裡就是
「絕對」。「梵」、「絕對」、「存在」、「上帝」或各種各樣的「神」,在
拉達克里希南看來都是宇宙最終實體的不同名稱和表現，其本質相
同。

拉達克里希南認為存在或絕對或梵具有如下特性：

一、它是唯一的、永恆的和不證自明的。拉達克里希南說：

上帝與從屬的或有條件的存在物是完全不同的，作為複數系
列的基礎，上帝是一不是多。它使一切情況成為可能而它本
身不受情況所支配。❿
在上帝那裡什麼區別也沒有，甚至在有知的主體和被知的客
體間的差別也消失了。上帝認識它自己，不是通過他自己的
表現，而是通過他自身的存在，根本沒有中介。⓫

他認為這唯一的存在可顯現在不同的事物中或不同的人身上。

---

❾ 同上。

❿ 《拉達克里希南的哲學》，頁39。

⓫ 同上。

它在石頭中沉睡，在植物中呼吸，在動物中感覺，在人體中
喚醒自我意識。⓬

對某些人來說神在水中；對另一些人來說，神在天空；兒童
的神是在木頭和石頭的想像中；聖人的神是在內心的自我
中。⓭

活動的人發現他的神在火中；感情豐富的人發現他的神在內
心；意志薄弱的人發現他的神在偶像中；而精神飽滿的人發
現他的神在任何地方。⓮

然而最終實體卻不受這一切顯現物的影響，它是唯一的「梵」。

「梵」也是永恆的，它的永恆性在於它的不變性和自我依存性。
拉達克里希南認為被創造的世界有一個進化的過程，有從低級到高
級的不同進化階段，這種進程與時間有關。然而「梵」卻是永恆的
存在，它貫穿宇宙的始終，不受時間的制約，在宇宙進程的任何一
點上，只要萬物存在，「梵」即存在。他說：

> 「這種存在是不證自明的，如果任何東西都存在，那麼『存
> 在』也在。「而且」存在完全依靠自己的力量存在，無需理由，
> 除了它本來就是這樣外，用不著為它的存在找其他證明。」⓯

⓬　B. K. 拉爾著：《印度現代哲學》，頁285，朱明忠譯，商務印書館，1991
　　年，北京。
⓭　拉達克里希南：《印度教徒的人生觀》，頁32，1926年，牛津英文版。
⓮　同上。
⓯　《拉達克里希南的哲學》，頁39。

這就像《聖經》中所說的「我就是我」。這種對梵的一元論和絕對自存論的論證，完全繼承了吠檀多不二（一元）論的思想。

二、「梵」是自由的、無限的。

拉達克里希南提出，為什麼進化採取這個方向而不是別的方向？為什麼世界具有這種特徵而不是其他特徵？為什麼這個世界就是這樣而不是那樣？原因在於一切存在物的根本基礎便是「梵」，而梵是獨立的，沒有任何東西可以從外部控制它。它具有意志自由，使世界的可能性變為現實性。他說：

> 「絕對存在便是絕對自由。」「絕對既是存在也是自由，他是單純的行為，即無條件的行為，如果他沒有行動，整個世界就將化為烏有。他的意志使得存在不再是空洞虛無的存在。……宇宙的創始及其獨特的性狀都可以追溯到『存在的行為』。」❻

至於為什麼存在的行為是這樣而不是那樣，這完全取決於上帝（神）的自由意志。所以在印度人看來，至高無上的神有兩個方面：一方面是本質超群的、抽象的、不可言表的永恆的存在，我們稱之為「梵」；另一方面是自由能動的、非抽象的存在，我們稱之為自在天。自在天滿懷行動自由的喜悅，他自覺地、創造性地湧現出自己的能力和品質，以無窮無盡的形象表現自己，在他身上沒有混亂，沒有束縛，完全是自由的。拉達克里希南說：

> 世界的神秘性就寓居於自由中，自由是一切存在物的基本條

❻　《拉達克里希南的哲學》，頁39。

件和源泉，它先於所有的限定。❼

　　「梵」也是無限的，這種無限性在拉達克里希南看來，具有兩層涵義。一種涵義是相對於有限的世界來說，「絕對」是無限的。它依靠自己的自由意志創造出宇宙萬物，萬物依它而生，依它而長，依它而滅，它表現出無限的創造力；另一種涵義是相對於梵所具有的無數人格來說，它是無限的。拉達克里希南分析，在奧義書中將最高存在列為四個層次，一、梵，絕對存在；二、大自在天，絕對自由的能動性；三、金胎、生主、大梵天，精細的世界精神；四、遍照者，粗糙的世界精神。後來又將神與世界的關係列為三個方面，即創造之神梵天；保護之神毗濕奴；毀滅之神濕婆。三位一體即是「梵」，同時也表現出梵的無限性。

　　此外，梵還是難以表達的，以上這些特性只是一些表徵，「為求真諦而說俗諦」，實際上梵的本性只能暗示不能言表，只能親證不能以邏輯推理。由此可知，拉達克里希南的實在論，在本質上是唯心的一元論，他承認在世界之內、外存在著永恆的、獨立的精神實體──梵，梵是宇宙的創造者和支配者。梵又具有雙重人格，一是有屬性的梵，一是無屬性的梵。在這些方面可以肯定，他是商羯羅吠檀多不二論哲學的繼承者，同時正像 B. K. 拉爾所說，他也是西方唯心主義一元論的擁護者。

（二）關於物質世界的性質和「幻論」

　　拉達克里希南在《理想主義的人生觀》、《精神的宗教和世界的

---

❼　同上，頁40。

需要》、《真知》和《印度哲學》等著作中，不止一次地表明自己對
宇宙和物質世界的看法，歸納起來有如下幾方面，從這些不同方面
闡明了世界的性質。

首先他認為世界是真實的存在，他說：

> 這個世界不是幻覺，它不是虛無。因為它是由「絕對」的意
> 志決定的，「絕對」是真實的，因此世界也是真實的。世界的
> 真實性不是在它自身中而是在造物主的思想和存在中。❸

這種觀點在下面談到「幻論」時將詳細說明。

其次他認為世界是一種不斷在運動變化的輪迴過程，是一串偶
然發生的事物的河流，是一種「川流不息」的經歷。他說：

> 變化是存在的本質。實在的經驗之流，其基本單元既不是空
> 間一點，又不是時間一瞬，也不是物質的微粒（質點）。它們
> 是具有三維特徵的事物，是在一瞬時間占有空間一點的一個
> 具體的內涵。❹

事物變化的這種三維性，拉達克里希南指出，早在十一世紀時勝論
學家濕婆迭底(Śivāditya)在《七句義論》中就已注意到，物體、空
間和時間在實際上只是「一」。空間、時間、物質或生命都是從帶有
質的規定性和占有時空位置的所發生的事物中抽象出來的，實際上
這個世界或輪迴是事物構成的過程。

---

❸　《拉達克里希南的哲學》，頁41。

❹　《拉達克里希南的哲學》，頁27。

第三他認為這個變化過程是一種有方向、有目標的運動，是宇宙向著固定目標演化或進化的過程。其進化的階段，拉達克里希南指出，在西元前八世紀成書的《泰帝利耶奧義書》中曾分為五個階段，即物質(anna，食物)，生命(prāna，氣息、呼吸)，本能的感情意識(manas，心、意)，反映的意識(vijñana，智、識)和心靈的或創造的意識(ānanda，極樂、上智)。今天我們則將宇宙進化的順序排列為：物質、有機體、動物、人類和精神。拉達克里希南認為，宇宙進化的最終目標即是永恆的精神王國的實現。但是這並不意味著進化過程的其他階段是不必要的，或是下等的、較低級的。因為每個階段都有精神的活動，世界是一個整體，任何事物，無論是物質還是生命，在它自己的位置上都有其價值；它們的關係是不可分割的。拉達克里希南說：

> 在宇宙進化中，不同的階段不能對立的分成善與惡。它是從一個階段到另一個階段的演變，不同的階段只能在統一體內部區分。一個精神是以它各種不同活動來顯現自己的，這些全是部分的，因而也是不充分的，完整只屬於精神本身。❷

第四他認為世界具有一定的自然規律，這包括物理的、生物的和心理的，這些規律他稱之為「業」。但是他又認為自然規律並不是客觀存在的，而是神聖意志的表現。正如《白騾奧義書》所說，神是業的制定者或最高主宰，業不是終極或絕對而是神的意志和意圖的表現。

從以上這些論述中我們看到拉達克里希南對世界的看法從本

---

❷ 《拉達克里希南的哲學》，頁30。

質上來說仍然是採取唯心主義一元論的觀點，堅持「絕對」或「上帝」是第一性的，世界萬物則是從屬的、派生的、萬物及其自然規律是受「絕對」的控制和制約，而且進化是受目的論的支配。但是拉達克里希南畢竟是生活在二十世紀科學高度發展的時代，自身又是知識淵博、造詣極深的學者，因此在面對嶄新的科學成就時，他不得不拋棄傳統的反科學的內容，承認世界的真實存在，重新解釋「摩耶」（幻）的涵義，並肯定了物質運動的三維性及物質運動的內在規律。這些都說明拉達克里希南不僅是傳統的吠檀多不二論的繼承者，而且也是它的全新闡釋者和發展者。這一結論集中表現在他對「幻論」的詮釋。

拉達克里希南認為「幻論」(Māyā)具有六層涵義：

其一，他認為世界是「絕對」的延伸，它是「絕對」的反映而不是「絕對」本身。兩者的關係是，一為絕對存在，一為從屬存在，而從屬存在即稱之為「幻」。同時它們之間的關係還是難以表達的，但這並不是說世界是無，只是說不能以邏輯推理來說明兩者的關係。

世界還是變化的，但是它並不影響「絕對」不變的本性，這只是說世界是「絕對」的本來面貌修改了的反映，它們兩者的關係又如蛇與繩、銀子和錢幣貝殼的關係，這種譬喻不是說世界是夢或幻，而是「絕對」修改後的反映。同時拉達克里希南也否定了兩者關係是全體與部分的關係，世界不是「絕對」的一個部分而是它的延伸。

其二，他認為「絕對」是永恆的，世界是暫時的，多變的，佛教稱為「剎那生滅」。我們對世界的暫時性稱之為「幻」。但是暫時性不等於是虛幻的夢境。

其三，他認為至高無上的「絕對」不只是靜止的絕對存在，他還具有永恆的創造力，我們將這種創造力稱為「幻」。 拉達克里希

南根據印度傳統思想將「絕對」的性質區分為兩個方面：一是靜止的永恆的無屬性的梵或「絕對」，另一個是能動的有創造力的大自在天，大自在天神喜歡表現，具有無限的表現力，這種力稱為「幻力」。

其四，他認為「絕對」具有自由意志，因此他選擇這種樣式而不選擇那種樣式，這就表明了創造的神秘性，我們對這種神秘性有時也稱為「幻」。

其五，他認為在世界的進程中，有神我（絕對）和原初物質（自性）相互作用的關係，當原初物質尚未顯現為世界萬物時，我們稱這種未顯現的原初物質為「幻」。正如《舊約》創世紀一章二節所說：「神的靈運行在水面上。」也就是說，當上帝的精神覆蓋在水面上時，原初的渾沌則變成了有秩序的世界。同樣在印度人看來，當神我照射到原初物質後，原初物質便產生變異，顯現為世界。拉達克里希南將原初物質的絕對存在和相對的顯現，這種雙重性稱為「幻」。但值得注意的是，當他在解釋神我和原初物質的關係時並不是採用古典數論二元論的觀點，而是堅持了吠檀多的一元論，認為神我對原初物質不是起觀照作用而是支配作用。

其六，他認為「幻」還表示尚未認識的宇宙規律。對於事物的無知或無明，有時也稱為「幻」 ㉑。

以上六層涵義其要點歸納起來即是：世界從屬於梵，從屬關係為「幻」；世界的暫時性為「幻」；梵的創造力為「幻」；創造的神秘性為「幻」；未顯現的原初物質為「幻」；無明或無知稱為「幻」。並在每一種「幻」的涵義中，拉達克里希南都表明「幻」不是無，

㉑　拉達克里希南對「幻論」的解釋參見〈對評論的回答〉。（載《拉達克里希南的哲學》，頁800–802。）

不是虛幻，不是夢境，而是真實的存在。也可以說是相對於梵的真
實存在。

　　正由於拉達克里希南賦予「幻」多重涵義，使它成為一種對事
物解釋的概念，而不像商羯羅一樣將世界說成是梵的幻現。並一再
聲明幻不是虛幻或無，世界確實是真實的存在著。因此我們認為拉
達克里希南在對世界的看法方面，比商羯羅前進了一步，發展了商
羯羅的不二論。但就「絕對」和「世界」的關係來說，他仍然是繼
承了商羯羅的不二（一元）論。

（三）關於個體靈魂和人的本質

　　拉達克里希南提出，宇宙演化的過程分為五個階段，即物質、
有機體、動物、人類和精神。也就是說從第二階段開始便產生了生
命。生命的特徵與無機物變化的一般規律不同，他對外界刺激的反
應在某種程度上是為了維護和保存他們自己。他們的營養、補給和
繁殖的功能是「靈敏的」，但卻並非由智慧去指導，完全是「預期
的調節」，其行為本身只是對個體和種族有利。但是和物質比較，
生命畢竟是能動的，是唯一具有能動性的種類。人的生命當然也有
這方面的特性，但是人不僅如此。

　　人還具有意識，然而動物也有意識，人和動物的區別就在於人
有自我意識，拉達克里希南說：

　　　　即使人是一種動物，他也是唯一知道自己是一個動物的動
　　　　物。[22]

---

[22]　《拉達克里希南的哲學》，頁49。

這種自我意識使人具有人的尊嚴，使他不停地追求理想，認真負責地從事各種活動。當他做出這一生的事業時，都不是偶然的而是經過思考的，是和他的發展目標相一致的。這種自我意識即表現出人的才智。

但是自我意識只表明人與動物不同，只說明人具有理智，這並非是人類進化的終點。拉達克里希南認為，人類的自我意識需要發展成為綜合的想像力，「達到澈底覺悟的境界」，用我們的天賦權利去「掌握真理」。這種真理就是極樂（ānanda）或喜。為此人類中的每一個人都有一種歷史的轉化過程，用拉達克里希南的話來說，在歷史的進程中，我們都是「參與者」而不是「旁觀者」。我們既能推遲也能促進世界發展到它的終點。

世界的終點即是精神，也稱為極樂或喜。當這種精神的王國建立起來時，人之子便逐漸演化為神之子，人的自我意識便上升為精神。

那麼人的精神和肉體究竟是什麼關係呢？他認為人的肉體是指身體和生理因素，是人的有限方面；人的精神是指靈魂的活動，是靈魂自我超越能力的表現，是人的無限方面。然而有限與無限，肉體和靈魂又是統一於整體的人之中。這正像拉比❷箴言所說，身體是「靈魂的鞘」是「聖靈的殿」。在印度人看來，肉體則是道德生活的工具。因此在宇宙演化的進程中，每個階段各有各的位置和作用，絕沒有高級、低級之分，這也正如人的肉體和精神（靈魂）同樣也沒有高低之別。

但是人的靈魂本身卻有從低級向高級的轉化過程，這種自我超

---

❷　拉比（Rabbi）是猶太教負責執行教規、教法並主持宗教儀式者的稱謂，意為老師。

越的能力便是靈魂的真正本性，也就是人中的神性。神與人的關係我們將在下面談到。

總之，拉達克里希南認為，人與動物不同，他不單有適應環境、自我調節和保存種族的意識，而且有設計目標，為其奮鬥，改造環境和改造自己的自我意識。將客體意識和主體意識能自覺地集中於一體的能力，這正是人的本性。人還可區分為有限的肉體和無限的精神兩個方面，但這只是將人做為有機體的研究對象時分析的結果。在實際上肉體與精神是統一的，精神絕非是進入肉體的獨立因素。精神本身有高低之分，自我意識屬於精神之一種，最高精神則是極樂或喜。人試圖超越自己的現有精神而向最高精神躍進的能力正是人的靈魂的本性。當人在其內心感知到這種最高精神的實現時，人性便上升為神性，成為神一人。這種直覺的效果不僅發生在聖人身上而且人人都具有神性。拉達克里希南的這種人生改善論是理想主義的人生觀，也是現代思想家對世界進程和人類未來的希望。

（四）梵、我、幻三者的關係

拉達克里希南在《理想主義的人生觀》第三章中集中闡述了神與自我的關係，他說：

> 人和神的同體精神是確信一切心靈智慧的基礎。這不單是推論的結果。在精神體驗自身中，自我和最終實在之間的障礙消除了。在自我進入頓悟的極盛時刻，它不僅意識到它自己的存在，還注意到它是一個無所不在的精神的存在，兩者就像是一個焦點。我們屬於真實而真實就反映在我們內心。㉔

拉達克里希南接著便舉出無數例證，說明「梵我同一不二」的驗證。

　　偉大的奧義書經文明確指出：「那就是你。」(梵文Tat tvam asi)，這是實際體驗的簡潔敘述。

　　《聖經》中說：

　　　　神就照著自己的形像造人，乃是照著他的形像造男造女。
　　　　（《舊約全書》〈創世紀〉第一章第27節）㉕

這表明在人的靈魂中包含著真正的神的啟示。

　　《聖經》還說：

　　　　人的靈是耶和華的燈。（《舊約全書》〈箴言〉第二十章第27
　　　　節）㉖

　　柏拉圖也說過，人在永恆的存在模式中是潛在的參與者，由於人從掠過大地的陰影中分離出來，使他能形成屬於他自己的生活。

　　在《泰阿泰德篇》中，蘇格拉底曾宣稱，我們要力求「願為神聖」。

　　耶穌說：「我和我的聖父同在」、「聖父所有一切都歸於我。」並說：「你們要完全，像你們的天父一樣完全。」這說明不是個別人與神同體，而是每一個人的自我與上帝連結在一起的最終的同一。

　　聖・約翰說，靈魂像「那光照亮一切生在世上的人」，

㉔　《理想主義的人生觀》，頁103-104，1947年，倫敦。

㉕　《聖經》引文根據《舊約全書》中文版。

㉖　同上。

《新約全書》〈約翰福音〉第一章第9節）這靈魂把一切導向真理。

〈彼得前書〉中有句話：生乃「是由於不能壞的種子，是藉著神的道」。（《新約全書》〈彼得前書〉第一章第23節）這同樣說明人中具有神性。

法國神學家拉巴迪（Labadie, Teau de, 1610-1674）的遺言中也說過「我衷心地把我靈魂交付給我主，像一滴水歸入它的源頭，並且信賴他，祈求上帝，我的源泉和歸宿，他將把我帶到他身邊，永遠把我沉浸在他的神聖深淵之中」。

威廉・詹姆斯(James, William, 1842-1910)在他的《宗教經驗種種》中寫道：「克服一切個人和絕對（上帝）之間的通常障礙是偉大的神秘主義的成就，在神秘狀態中，我們與絕對（上帝）成為一體，並且我們注意到我們的同一性，這是神秘主義永久的和成功的傳統，很難由於地區和信仰的不同而改變。」

此外，拉達克里希南還列舉了羅馬哲學家、新柏拉圖派奠基者普羅提諾(Plotinos, 205-270)，德國神秘主義神學、哲學家愛克哈特(Eckhart, 約1260-1327)，古羅馬基督教思想家奧古斯丁(Augustinos, 354-430)，意大利神學家聖・凱瑟琳(St. Catherine of Genoa, 1447-1510)和英格蘭神學家、倫理學家卡德沃思(Cudworth, Ralph, 1617-1688)等人的言論用以說明自我和神同一的原理和體驗。

對於以上種種驗證或稱頓悟，拉達克里希南認為這正是人性本來面目的反映，人性中本來便具有神性。但是我們往往看不到這點，誤將精神上的體驗看成是外來的賜予或啟示，將它與人性割裂開來。其原因就在於我們通常把自己等同於狹隘的有限的自我，將我們的存在只局限於物質生命上而不能把神性看成是我們天性的源泉和完善。實際上「神性既在我們心中也在我們身外。上帝既沒有完全超

越萬物也沒有完全內在於萬物。」 上帝與萬物的這種雙重性，就引起了解釋的矛盾。於是某些人強調人與上帝的內在統一性，如奧義書和柏拉圖等；另一部分人卻強調上帝的超越性，他們認為我們永遠也不能達到光榮的神性高度，如《薄伽梵歌》的作者，西班牙基督教神秘主義神學家十字架的約翰 (John of the Cross, 1542-1591)等。但是在拉達克里希南看來，這兩者並不矛盾，他說：

> 在作為包含一切精神的上帝的哲學觀念和激發我們特殊的宗教感情的個人對上帝的虔誠觀念之間並沒有根本的矛盾。個人的想法發展了精神體驗這一方面，在這裡它或許被視為滿足了人類的需要，在精神體驗中人得到了安息和力量，由此他又理解了那個能滿足他需要的精神。❷❼

總之，在拉達克里希南看來，神，絕對，人中之神性，神一人，其本質同一，是同一精神實體的不同表現。在某種意義上說，人格的神或許使我們感到更親近。

關於神和物質世界（幻）的關係，拉達克里希南仍然持吠檀多一元論的觀點，認為「無論是大地和天空，世界和動物」都被籠罩在「唯一的精神」中。他深信「宇宙是一個和諧的整體」， 這種統一性便在於它的精神性，精神（絕對）支配著整個宇宙進程的每一階段並最終達到精神。拉達克里希南說：

> 應該記住平時我們經驗的世界是理想世界的拙劣表現，是光

---

❷❼　《理想主義的人生觀》，頁107。

　　明與黑暗的結合，是純精神在不完全的物質形式中的反
　　射。㉘

　　事物的真正本質是已經體驗到的實在精神。㉙

當我們認識到這種真理時，便可以說是消除了「無明」，達到了和
諧。

　　值得注意的是，拉達克里希南是一位東西方眾多哲學思想的博
採者，當他在論述精神與物質世界的關係時，還廣泛考察了不同派
別的哲學觀點並給予一定的評價。其中包括古希臘的自然主義；馬
克思、恩格斯、列寧的辯證唯物主義；柏格森的創造進化論；勞埃
德・摩根的實現進化論；薩繆爾・亞歷山大的神性觀；懷特海
(Whitehead, Alfred North, 1861-1947)的本初進化論等。

　　他認為古希臘的自然主義是把自然界置於因果關係之中，他們
認為奴斯或邏各斯（理性Nous 或世界的普遍規律性Logos）將渾沌
變為秩序，並將未成形的物質或材料給以形式。然而他們並沒有明
確回答由奴斯塑造的原料是如何起源的。

　　拉達克里希南認為馬克思對物質與精神關係的辯證說明，只是
說明的方法並不是對兩者關係的解釋。拉達克里希南還認為恩格斯
已經認識到在人和自然界之間存在著密切的關係，它們包含著同一
的來源。

　　柏格森認為在精神原則發展的過程中有了中斷，落到相反的方
面那就是物質。精神是實的，物質是從它的墮落引起的。對此，
拉達克里希南持否定態度，他說：「柏格森關於物質的出現及偶然

㉘　同上，頁110。
㉙　同上，頁110。

中斷的說明是不能令人信服的。」

　　他還批評了勞埃德・摩根，說他只敘述了自然的進程，並沒有對他們提出任何解釋，他只做了現象學的說明而不是玄學的論證。究竟

> 是什麼給事物的發生以最初的動力和構造的模型呢？勞埃德・摩根用正在起作用的神聖原則和活動來說明進化的複雜過程和它的繼續和發展、形成的後果與實現。上帝的創造性功能是對宇宙進化的唯一解釋。但是勞埃德・摩根並沒有對永恆的神聖目的和短暫的展現關係給予恰如其分的說明。❸

　　拉達克里希南同樣也批評了薩繆爾・亞歷山大的神性觀，認為他沒有將上帝的存在作為宇宙的起點和終點，而只是作為一個永恆的發展過程，上帝似乎是永遠也達不到的信念。

　　對於懷特海的觀點，拉達克里希南持讚賞態度，懷特海認為，自然界就其整體來說以及它的每一部分都是有機體，甚至一粒電子也像人類一樣具有這樣的有機結構，事物的有機特徵得自於填充在其內部的有機物體，即是永恆的客體進入了自然界。在懷特海看來，「上帝的本性：永久是基本的，流動是從世界而來；世界的本性：流動是基本的，永久是從上帝而來。」拉達克里希南對此評論道：

> 就懷特海說，當上帝在尋求存在時，世界在尋求統一和完美；當複雜的實際上的事實與原初的概念上的事實得到最終統一時，世界的目的就達到了。世界的進程源於上帝，由他持續，

---

❸　《拉達克里希南的哲學》，頁34。

復歸於他。上帝不僅是潛在的未來而是宇宙萬物的創造之源和最終目標。「他是開始和結束，首和尾」。對於懷特海，上帝和世界雙方都是原初創造力，即「絕對」的表現，他們在本質上都是附屬於原初創造力並互相起作用，各自相互為證。我們似乎已接近孕育出上帝精神的想法了。**❸**

由此我們看出拉達克里希南的觀點，他認為「絕對」（精神）是萬物的起因，也是萬物的歸宿，同時它也支配著萬物發展的任何一個階段。精神是永恆的質料因、動力因和目的因，從而他又回到了吠檀多不二論的立場。

最後關於人和物質世界的關係。拉達克里希南首先肯定了人在控制自然方面所取得的一切成就。他說，由於技術器械的發明，人在一定程度上把自己從自然的奴役中解放出來。通過建造可以居住的茅棚和房屋，人可以無視氣候的變化；通過使用紡車和織機，人才得以拋棄披戴的樹葉和獸皮；通過農業生產，人可以得到所需的食物。直到今天，當人們從天空用無線電把地球聯繫起來，用原子彈毀滅整座城市時，人類的生活歷程就是一場物質征服和機械成就的經歷。在這個過程中人而非機器依舊是主人。

當工業革命產生後，我們人類的生活便發生了更大的變革。我們有能力為地球上每一個居民提供食物、衣服和住房；有能力為一切人提供醫藥、衛生和健康保障，使人們長壽和建立更高級的生活條件；電影和廣播的發展也可以無限制的擴大基礎教育。總之，只要我們願意就可以從世界上消滅飢餓、貧困、疾病和愚昧。這一切工業和技術的成就不能不說是人類通過自然規律控制和利用大自然

---

❸ 同上，頁37。

的結果，它標誌著人類的文明與進步。

其次，拉達克里希南指出，人對自然的控制和利用只是兩者關係的一個方面，我們還應該看到宇宙是一個整體，自然界只有一個，人也是自然界的組成部分之一，同樣受因果關係的擺布，同樣不能違反自然規律。人不是一個自由的存在，自然同樣可以改變人類的命運。因此，人與自然的關係是相輔相成的而不是敵對的關係。

在這裡，值得注意的是，拉達克里希南在考察人與自然的關係時，其著眼點並不在這個問題本身，而在於人利用自然所產生的後果。尤其是人與自然關係的改變所引起的人與人關係的變化。他認為人類本來有能力可以消除一切人的飢餓和貧困，但是現實世界並非如此，生產資料原屬工匠所有，現在被富人占有，大企業取代了手工業，結果有了貧富階級和先進與落後的民族。以往也有破壞性的工具，而現在軍事工業掌握在政府手裡，使它發展成極權主義的國家。本來自然界是一個整體，一切科學成就都具有普遍性，然而人類卻實行信息封鎖，以安全為藉口限制科學自然流動，這一切不能不成為人的悲劇。拉達克里希南認為這是由於最偉大的技術進步是發生在道德敗壞和社會混亂的時代，人對自然利用的成果沒有被一部分具有人性的人所控制，結果一個有機的社會變成亂哄哄的群體，正常的人類生活的基本條件被完全扭曲了。為此，拉達克里希南便萌發了建立「精神宗教」的理想。

第四章　神秘主義的直覺論

　　拉達克里希南的認識論和方法論與他吠檀多不二論的世界觀緊密相連。他認為神的存在是一種經驗的事實；「梵我同一」的原理也是一種個我領悟的真理。這一切體驗和領悟都是真實的，並且只能借助於直覺才可完成，因此直覺論便構成了拉達克里希南認識論的核心。

(一) 認識的三種途徑

　　拉達克里希南認為知識的獲得可以通過三種途徑，即感覺經驗、理性判斷和直覺證悟。這三種認識類型又與不同的客體相適應。他說，古羅馬的宗教哲學家普羅提諾(Plotinus，205-270，又譯柏羅丁)曾告訴我們，感性的知覺低於我們，邏輯的推理與我們同等，而心靈的領悟則高於我們。

　　感覺經驗，拉達克里希南認為其功能是收集來自事物的印象，它包括外在的和內在的事物，以便為思維提供材料。但是由於感覺和印象只能認識事物的表面現象，不能觸及事物的核心，因此它又是膚淺的和不完善的，有時甚至是不可靠的，所以我們常說，感覺欺騙了我們。感覺所以能欺騙我們，這是因為客觀事物永遠在不停

地運動和變化，觀察者本身也在不斷變換着自己的角度，從不同角度，不同時間，不同地點所觀察的結果自然產生出不同的，甚至是相互矛盾的印象。所以感覺經驗極具片面性和表面性，它不可能對內在的統一的精神得出全部完整的認識。

　　理性認識，拉達克里希南認為它與概念相聯繫，是一種通過分析和綜合過程而獲得的認識。這種認識是

　　　　間接的和象徵性的，但它不是虛假的。它的構造不是想像的合成物。它缺乏全面的認識，因為它提供的是存在的結構而不是存在自身。❶

理性認識所以是間接的和象徵性的又不是虛假的，這是因為它建立在真實的感覺材料的基礎上，理性認識的前提是對感官所提供的材料進行分析和加工，這些材料是真實的但對理性來說卻是間接所得。其加工的過程又是在抽象領域內進行，以一系列靜止的概念來代替實在的生活之流，而概念正是事物的象徵和符號。所以理性認識的功能主要在於挖掘已有概念或理論所蘊涵的可能性，使它得到實現與延伸。這種認識拉達克里希南認為雖然具有邏輯推理的精確性，但是它只提供存在的結構，卻不能認識存在本身。其原因正像B. K. 拉爾所分析的有六種理由：1. 理性思維是以主客體的二元性為前提的，要認識非二元性的「絕對」則不能通過這種把認識者與被認識者分離之後才去認識事物的過程。2. 理性認識是通過不同事物的相互聯繫來認識事物，而「實在」是唯一的，它超越於差異和聯繫，所以「實在」不能借助推理的方式來認識。3. 理性認識在本質上是

---

❶　《拉達克里希南的哲學》，頁60–61。

符號式的，具有象徵性，而「實在」是真實的非象徵性的，因此不能以符號來認識真實的東西。4.理智在思考時總是把「什麼」和「那個」相分離，然後再通過理性的綜合來製造兩者的統一性，但是，任何理性的綜合都不能恢復「實在」原有的統一性，正如無論怎樣醫治深重的傷痕都不能恢復皮膚的原有光澤一樣。5. 理性認識是間接的認識，它依賴其他來源所提供的材料，因此，如果對「實在」的觀察必須建立在理智的基礎上，那必然也包含其他的認識來源而並非只是理性認識。6. 理智只是我們心理活動的一個方面，感覺、意志等同樣也是心理活動的重要方面，只有這些心理活動共同得到滿足時，我們才能完全認識「實在」❷。這便是總結了拉達克里希南對理性認識的評價。

　　直覺證悟，拉達克里希南認為它不同於概念性的認識，它能使我們看到事物原來的形態，看到獨特的個性，而不是看到事物的某一部分或某一元素。它是直接的認識，但又不同於感覺經驗，它不是通過感官去認識事物的表面現象，而是通過心靈，用全身心去感受事物的整體。拉達克里希南說：

　　　　它是一種不能清楚地區分主體和客體狀態的經驗類型，是一
　　　　種整體的不可分的意識，在這當中不僅人的天性這一或那一
　　　　側面而且在他的全部存在中似乎都能找出它自己。它是一種
　　　　意識狀態，其中的感覺是融合在一起的，觀念相互交融，界
　　　　限被打破，通常的差別被超越了。過去和現在逐漸消失在無
　　　　限存在的感覺中，意識和存在在那裡不是相異的，一切存在

---

❷　參考B. K. 拉爾著《印度現代哲學》，頁32，朱明忠譯，商務印書館，
　　1991年，北京。

都是意識，一切意識也都是存在。思想和實在相結合，從而導致主體和客體創造性的融合。生命以它的令人難以相信的深度自覺成長。在這種充滿生命感和自由感中，知者和被知者的區別消失了。❸

拉達克里希南還提出：

直覺經驗不是經常出現的，它只是發生在偶然的瞬間，它們具有啟示的特徵。我們不能隨意支配或延續它們。我們不知道他們為什麼和是怎樣發生的，它們有時甚至會違背我們的意志而出現。它們的方式是正常認識難以理解的，這種非凡現象可以追究到超自然的力量。❹

從上面這些論述中我們對拉達克里希南的「直覺證悟」可以概括出五個特徵：

1.直接性，它不經過邏輯推理直接抓住事物的本質，它不接受「學究式的抽象」而是整個生命對「實在本質」的直接洞察（見）或是對實在的親身體驗。因此它不同於感覺經驗，不需要借助於感官。

2.個別性，即非概念性，它是從個別性出發，通過「認同」去抓住事物的本質。因此直覺不同於理性思維。後者是從概念出發，通過邏輯推理去認識事物，它是一種抽象思維的過程。直覺認識卻是個別的、生動的，最終才達到一般性認識。也就是說直覺認識是

---

❸ 《理想主義的人生觀》，頁91–92，倫敦，1947年，第2版。

❹ 同上，頁93–94。

通過有限去認識無限。

3.融合性，感性和理性認識總是把主體和客體分開，認識者和認識對象之間是界限分明的，是一種相對的關係。直覺認識卻是一種統一的意識狀態，知者和被知者，主體和客體，意識和存在，完全融合為一體，它們之間的鴻溝消失了，差別被超越了，成為一種完整的意識狀態。

4.突發性，直覺來去無蹤，突然湧現又突然消失，往往抓不住它的來龍去脈，它經常是一閃而過。但是這種突發性又不同於非邏輯思維的想像或是幻像。它是真實的瞬間並觸及事物的本質。

5.神秘性，正是由於它的突發性，說不清它是為什麼和怎麼樣發生的，因此具有某種神秘性，使人無法控制。所以拉達克里希南說，往往會追究到超自然的力量。

直覺證悟的諸種特性便決定了這種認識的主要功能在於應用於宗教體驗，對藝術品的鑒賞和對音樂的享受等。

（二）直覺證悟的產生過程

拉達克里希南認為，直覺認識儘管是人類認識的最高層次，是一種完整與圓滿的認識。但它並非是一種孤立的單一的認識形態，在直覺產生的全過程中，感覺經驗，理性思維，甚至非邏輯思維的其他心理因素均與之相關聯，大體來說有三個階段：即直覺產生前的準備階段，直覺突發的階段和直覺產生後理性加工階段。

產生直覺的先決條件，首先必須保持一種平和而寂靜的心情，能集中精力專注一處，以完全虔誠的靈魂，在沉思中內觀內省。如果一位先知被捲入慾望和誘惑、傾軋和鬥爭的漩渦中，那時則很難

出現直覺，更無法體驗直覺的特性。其次，直覺的產生必以往的感覺經驗和理性認識為基礎，是在長期的材料積累和苦思瞑想的過程中突然爆發的一種啟示，一種新知。也就是我們常說的，在一種下意識狀態中，長期難解的問題迎刃而解了。譬如自然科學中的新發現，詩歌和藝術品的新創造，這一切成就的獲得都必須有感覺經驗所積累的資料和理性思維的巧妙安排，在此基礎上依靠直覺整觀才能取得。所以直覺的產生必以「濃縮」的感覺經驗和理性思維為前提。正像拉達克里希南所說：

我們以往的經驗給新的悟性提供材料並增添了新的意義。❺

當感覺和理性停止活動，自身完全陷入一種靜止狀態時，直覺會突然閃現。此時如果正在從事宗教體驗，你便會全身心地感受到充分的滿足，立刻「黑暗轉為光明，憂怨已化為歡樂，絕望已轉成堅信」。 保持這種直覺的體驗猶如住在天堂，似乎那裡並不完全是上帝的住所而且也是自我完全、澈底、真正的存在方式。如果正在從事科學研究或藝術創造，當直覺閃現時，你會獲得新知和新的活力與創造力，這是在舊知基礎上所產生的質的飛躍，它不是靠推測而是靠直覺的啟示。但是這種閃現（幻像和啟示）只是短暫的、間歇式的，甚至終生只有一次。因為人不可能永遠保持沉思狀態，生命總是在不停地湧動。在幻像出現時，其感染力是如此強大，既真實又充滿活力，他無力也不願去分析它，但是這種狀態瞬息即失，人為了抓住這一瞬間的啟示，便開始進入反思和回憶的過程，這便有了第三階段，理性加工階段。

---

❺　同上，頁98。

　　拉達克里希南提出，宗教直覺的內涵本來是無法用語言表達
的，體驗者本人擁有對「啟示」的主權和信任，他無需借助邏輯去
尋求合法性。這種直覺的證悟所得，對他自己來說，已意味著「自
我實現」「自我證明」「自我啟示」，不需要辯論或解釋。它明白而
堅定，不容拒絕，不受證據的約束。正如《瑜伽經》的作者波顛闍
利(Patañjali，約西元前二世紀)所說，頓悟充滿真理、擁有真理。任
何用理智去描述的這種頓悟都是不完全的。因此，當人們問到佛陀
有關頓悟的內涵時，佛陀只是「沉默」。拉達克里希南說：

> 印度教認可的證悟，內容無可懷疑，它是一個沒有更多東西
> 能說得出來的「彼」。越是深刻和直接的精神體驗，越是不需
> 要符號和象徵。深入的直觀是完全沉靜的。通過靜默我們於
> 心無愧地承認「精神生命的榮耀是無法說明的，它超過了語
> 言和思想之所及，它是非常深奧的神秘事物而言詞是不可靠
> 的」。❻

　　但是宗教先知們為了滿足時代的需要，不得不將自己內心的確
信以語言和概念的邏輯形式傳遞給眾人，於是便有了對直覺的理性
加工。以個人的信仰轉變為當時眾人的普遍信仰，宗教便是這種信
仰和直覺。當先知們不得不將體驗給以理性的描述時，我們不得不
說，「在理性和直覺兩種力量之間不能有最終的喘息。」❼
　　直覺需要理性加工的另一因素，是因為直覺的閃現是突發性
的、短暫的，又是不穩定和不明確的，有時一閃而過，來不及回味

---

❻　《理想主義的人生觀》，頁100。

❼　《印度教徒的人生觀》，頁16，1926年，牛津大學英文版。

和咀嚼。為此，要將這種新的發現和啟示變成新的理論體系和信仰，也不得不借助於概念和推理。不僅如此，「創造性的想像力，象徵性的符號和啟發性的聯想都會有幫助。」❽但是理性加工只起配合作用，它是整體直觀的局部說明。

為了進一步說明直覺產生的全過程，拉達克里希南還舉出德國著名化學家凱庫勒 (Kekule, von Stradonitz, 1829-1896) 發現苯結構的例子。凱庫勒早年曾進入吉森大學學習建築，後來在化學家李比希 (Liebig, Justus von, 1803-1873) 的影響下轉入化學的研究，1852年獲得博士學位，1858年提出碳原子能夠相互連結形成長鏈的理論。但是當他將無機化學分子結構的理論應用於有機化學領域時便失敗了，他進行了大量的實驗，經過長期的思索，仍然不得其解，以鏈式結構無法解決有機化學問題，這一認識階段可稱為直覺認識的準備階段。

其後，他百般無奈，搞得精疲力盡，1865年一個晚上，突然在朦朧的睡眠狀態中，夢見許多苯分子在爐火前跳躍，像蛇一樣慢慢由一長排捲曲起來，咬著自己尾巴旋轉。當幻像消失後，他突然頓悟，有機化學分子結構可能是環形封閉式。到此，他已完成直覺的閃現階段。

隨後，他便把這種閃現出的新觀念在實驗的基礎上推演出有機化學「環形結構」的理論體系，也就是直覺閃現後的理性加工階段，從而完成了直覺的全過程。儘管在不同領域，直覺的表現形式有所不同，但大體上要經歷以上三個過程。

---

❽　《理想主義的人生觀》，頁97。

（三）直覺的不同類型

羅伯特・W・布朗寧(Robert W. Browning)在《拉達克里希南的哲學》論文集中，發表了一篇文章，標題為「拉達克里希南哲學中的理性和直覺的類型」。文中他對拉達克里希南的直覺論做了全面的研究，從拉達克里希南所涉及的認識過程、認識結構、認識方法和手段等不同方面，概括出直覺認識的不同類型，並加以詳細的說明。

羅伯特首先提出拉達克里希南在使用直覺一詞時最初是談到認識的內容，它給人多種涵義的印像，有時它涉及到認識的過程，有時是產生，有時是技能、能力或是來源。有時它的內涵不可知，有時是意味著比較完美的證悟，有時涉及到對上帝的真實的認識。總之，作者在使用直覺一詞時，是統一性和多樣性的結合，它既用來說明科學的天才，人類的靈感，也用以說明道德的良心和宗教的信仰。但是這種多樣性又是統一的心靈活動的整體反映。它是人類認識、道德、美學和宗教體驗——這些人為地分割部分的統一的心靈反映。

其次羅伯特將拉達克里希南的直覺分為五種類型，即感性直覺(Sensory intuition)、理性直覺(Rational intuition)、事實與可能的事實之間複雜結構的發現、包括對不能言明的邏輯結構之間聯繫的直覺(Descrying of Complex structures of fact and possible fact, including Connections between unarticulated logical structures)、價值性直覺(Valuational intuition)、整體經驗(Integral experience)。

感性直覺可以包括四種內容：1.對純粹由感官提供、只需領悟

而無需說明的某種自明原理的直覺；2.對事物質的領悟；3.對事物之間關係的領悟；4.對各種事物的認識。但是拉達克里希南對這四種情況的分別並不是很明確的。感性直覺在他看來可以應用於自然科學，它幫助我們認識外部世界的外在特徵，並由此而熟悉了客體可感覺的質，從而為描述世界建立起某種概念結構。同時感性直覺也可應用於對某些經驗的整體領悟，在三昧狀態下產生的直覺，它具有意識和下意識的神秘性。因此感性直覺與感性認識不同，感性直覺是對綜合的感性材料迅速加以分析和領悟的結果。是將感性認識過程飛速地濃縮和超越而直接領悟其質的認識形式。

理性直覺，或稱邏輯直覺，主要指對事物的涵義及其間的邏輯關係的直覺。理性直覺和理性認識之間既存在相繼性又存在不共融性。相繼性是指理性直覺必然以事實分析和邏輯推理為依據，理性認識是產生理性直覺的必要前提。但是理性直覺又不同於理性認識，它的特殊性就在於它省略了理性認識的推理程序，表現出濃縮性、飛躍性和誘導性。

濃縮性和飛躍性（也稱跳躍性）主要是指認識的速度，它將通常理性認識的全過程只在片刻間完成，跳過推理程序直達認識結果。誘導性主要是指認識主體受直覺引導能從一種命題迅速聯想到與其相關的新命題，從而獲得新知。

但是理性直覺並非是拉達克里希南的發現，在西方哲學和東方古代哲學中早已存在，拉達克里希南只是將西方和東方的思想融合起來，起到溝通和綜合的作用。從西方哲學來看，早在古希臘時期，當理性直覺尚未被揭示之前，畢達哥拉斯、赫拉克利特和柏拉圖便有這種假設。羅伯特說，到了中世紀經院哲學時期，理性直覺已成為最初的研究方法，後來重新被發現是借助於幾何學的方法，是托

馬斯・霍布斯(Thomas Hobbes, 1588-1679)將機械力學和幾何學引入哲學的。R. 笛卡爾、B. 斯賓諾莎、J. 洛克等人也都承認理性直覺的存在。到了近現代，H. 柏格森、E. 胡塞爾等人也都成為直覺主義者。在古代東方哲學中則有中國老子提出的「玄覽」， 印度佛教提出的「頓悟」等。拉達克里希南則總結了歷史上的不同觀點，提出理性直覺是通過邏輯證明的直覺發現。

事實與可能的事實之間複雜結構的發現，這種直覺有人稱為識別性直覺，即是在普通的常見的事實中突然發現了新的內涵。主體能夠協調不同的暗示，由此而誘導出哲學命題的確定的綿延。這種直覺在科學研究中經常出現，「科學假設」的提出往往是由過去糢糊的經驗和現在不確定的想法中，經過迅速結晶化而形成的。科學假設的例子很多，拉達克里希南舉出牛頓以這種直覺發現萬有引力定律的例子，牛頓從最普通的「蘋果由樹上掉下來」的事實中，發掘出事實神秘的內涵，從而提出萬有引力的假設，最終經過理性加工成為定律。能從許多個別事實中分辨出可能的事實，揭示出一般事實的神秘內涵，這需要借助於直覺。

價值性直覺，主要是指通過直覺而不是通過判斷對某些事物的價值做出評價。它主要應用於倫理學、美學和宗教學領域。

在倫理學方面，直覺主義倫理學的代表之一是英國的喬治・愛德華・摩爾(George Edward Moore, 1873-1958)，他著有《倫理學原理》一書。提出倫理學的基本範疇是「善」， 其他範疇如義務、正當等等均是由善引申出來。但是對善（惡）的評價不是由經驗和推理來完成，因為善是自明的，它只能由直覺來確定。摩爾的觀點與拉達克里希南的論點基本一致，拉達克里希南也認為：

在價值領域，我們有許多東西要依賴這種省悟。價值的省悟
與創造都得力於直覺思維。對事實的判斷要求冷靜思考而對
價值的判斷卻要求富於活力的體驗。某種行動的計劃是對還
是錯，某個擺在面前的客體是美還是醜，只有依靠那些有修
養而又有敏感的人才能作出判斷。對事實的判斷容易被證明，
而對價值的判斷卻不容易被證明。❾

這就是說善惡並沒有客觀可被證明的標準，純屬主觀臆斷。但在拉
達克里希南本人看來，「善」「惡」還是有一定標準的，那就是說符
合「最高精神」的便是善，一個人的行為是向上的，他不斷在追求
無限的實現，並能最終與無限相一致，這便是善的行為和善的表現。
惡只是不完全的善，惡也能轉變為善，關鍵在於宗教教育和精神宗
教的實現。

在美學方面同樣也要依靠直覺，意大利的美學家克羅齊
(Benedetto Croce, 1866-1952)在其《美學原理》一書中就曾提出「直
覺即表現」的論斷，認為美學就是研究直覺和表現的科學。直覺源
於感受，當主體見到某一事物時，感官便會受到刺激，這時心靈就
會把這種感受迅速轉為某種判斷。美則意味著表現的統一、和諧；
醜則意味著表現的繁雜和混亂。拉達克里希南同樣也讚賞這種和諧
統一的整體之美，他認為只有通過整體直觀才能判斷藝術品的價值。

在宗教領域，價值直覺更是普遍存在，這一點在下面談到「直
覺在宗教經驗中的功能」時將要進一步闡明。

最後關於「整體經驗」，拉達克里希南曾做過詳細說明。他說：

---

❾　《理想主義的人生觀》，頁142。

認識的後一種類型可以叫做整體直覺，因為它不只是引起我們一部分意識存在的活動，如感覺或理性，而是全部。它對我們也不是抽象地顯示而是現出它的實在的整體。❿

並說：

> 當我們仔細觀察一件藝術品時，當我們欣賞絕妙的音樂時，當我們從別人那裡所存在的崇高的愛心中得到理解時，我們使用直接的領悟方式比邏輯的理解更為深刻。⓫

　　拉達克里希南認為整體直覺的認識方式是最高的認識方式，它優於並超越於其他的認識方式。其他的認識手段只是部分的，只反映事物的部分真理。只有整體直覺才能反映精神真理內在的實在，而且這種反映排除了一切中介，直達存在本身。所以整體直覺的作用是唯一能認識精神真理的方法。藝術、道德和宗教都是人類精神生活的產品，因此對它們的理解、創造和評價都應借助於整體直覺。

　　拉達克里希南還進一步說明理性和整體直覺並不矛盾，理性認識的準備是達到精神真理的一種手段。而且精神真理的認識由於它是靠直接的心靈直觀，因此它也不會拒絕本能。然而它又與本能不同，本能是原始人認識世界的主要手段，他們可能會抓住事物內在的聯繫，或者會猜測出事物內在的真理，但是他們不能理解它，更不能精確地說明它。整體直覺不但能運用精確的理性思維做為前提而且能創造性地發現新的事物的內涵和聯繫。因此它高於本能又保

---

❿　《拉達克里希南的哲學》，頁60–61。

⓫　同上。

持了本能的直接性。

（四）整體直覺在宗教體驗中的功能

　　整體直覺主要應用於倫理學、美學和宗教學領域，它能直接領悟精神真理內在的實在，已如上述。但是拉達克里希南為了建立一種普遍的精神宗教，著重說明的是直覺在宗教領域的作用，藝術和道德中的直覺功能則是次要的。

　　拉達克里希南首先肯定「心靈的體驗是整體直覺的一種模式」。他說：

> 上帝不是一個客體而是絕對的主體，我們既不能憑感覺又不能憑邏輯推理去理解它。康德是對的，他不承認存在是一種屬性，因為我們都淹沒在存在中。當奧義書要求我們從理性意識上升到精神意識時，它要求我們有效地擴大我們的認識，由此而克服不安全感、孤獨和死亡的困惑。使我們被召喚，從分裂和衝突中轉回到自由和博愛，從愚昧無知轉為聰明智慧。而這樣的智慧是不易獲得的，只有依靠心靈對神的直接領悟。[12]

當這種整體直覺獲得成功時，意識便發生了變化，產生了新生的體驗。這就意味着思想得到啟發，心靈起了變化，意志有了轉化。這種智慧構成我們內心生活複雜豐富的因素，它可調節我們的生命，恢復我們與自然和社會的一致性，並使生活更有意義。

---

[12]　《拉達克里希南的哲學》，頁61。

　　拉達克里希南還認為由整體直覺產生的智慧可以擺脫恐懼，因為恐懼是由於個人本性和其環境之間缺乏一致的結果，是自我與異己的與其無關的非我的衝撞，同異己的鬥爭是苦難的根源。拉達克里希南認為人是生物，他盡量朝向無限並追求永恆。然而他的生存條件卻有其窮盡，短暫易逝，這便是引起痛苦的原因。而當他獲得「完整性」時，在他的生命中便有了和諧，他的表情也就快樂了。可見，「整體直覺」即是指人對神的證悟，最終可獲得「梵我同一」的智慧，為此拉達克里希南又一次回到了吠檀多不二論和唯心主義一元論的立場。

　　其次，拉達克里希南肯定了在宗教體驗中直覺存在的普遍性和多樣性。他提出對上帝直接體驗的傳說具有普遍性，在一切國土、一切時代和一切教派中都有對上帝直接領悟的傳說。英國神學家威廉・英格(William Ralph Inge, 1860-1954)在1918年出版的《普羅提諾的哲學》一書中寫道：

　　　　我們發現在這些不同國家、不同時代，甚至由不同教派的信
　　　　徒所寫的（神秘生命）的記載中是緊密的一致（對亞洲來說
　　　　在這方面有其自身所做出的重大貢獻），這只能解釋為，如果
　　　　我們認為神秘的體驗是人類本性的真正的一部分，那是多半
　　　　已經發展了的，類似於藝術，通過專心致志和勤奮努力，並
　　　　且呈現出相同的一般形式，無論什麼時候在什麼地方，人都
　　　　在認真地尋求。⓭

德國神學家魯道夫・奧托(Rudolf Otto, 1869-1937)在《神秘主義：

⓭　《拉達克里希南的哲學》，頁62，注55。

東方和西方》一書的緒言中也說：

> 我們堅持認為，在神秘主義方面，人類靈魂中有廣泛而強烈
> 的最初衝動在起作用，其本身完全不受不同的氣候、地理位
> 置或種族的影響。這表明各種形式的人類體驗和精神生活的
> 內在聯繫，他們的相似確實是驚人的。⓮

所以拉達克里希南總結說，先知們都以令人印象深刻的一致性
敘述他們的直覺體驗。他們是在「遠遠的山上相互接近」。他們的
話聽起來既真實又清楚，這證明存在著一種精神世界並有待於我們
去深入領悟。

至於在印度，直覺的精神體驗自古以來便普遍存在並確定無
疑。吠陀先知們所傳達的信息即是他們本人的切身體驗。拉達克里
希南說：

> 吠陀是聖人或先知的述作。聖人的真理不像邏輯推理的結果
> 或系統化哲學那樣是引申出來的，而是精神直覺、見(dṛṣti)
> 或幻像的產物。與其說聖人是《吠陀經》中記載的真理的作
> 者，不如說他們是先知。他們通過提高自己的人生精神達到
> 普遍精神的水平，從而能識別永恆真理。他們是在精神王國
> 中探索的先驅者，他們對這個世界比他們同時代人了解得更
> 多。他們的言論不是基於一時的幻像而是在於寓居在生命中
> 的持續經驗和能力。當《吠陀經》被看成是無上權威時，其
> 全部意義就是一切權威中最確切的是事實的權威。⓯

⓮ 同上。

　　同樣，當奧義書說到「智」或「靈知」時，當佛陀說到菩提（覺）或啟迪時，拉達克里希南認為我們都會獲得真理，因為這也是他們對至高至上精神的直接的心靈領悟方式所得。在聖典中還有聞(śruti)或所聞，念(smṛti)或所念對應的詞彙。商羯羅則將它們看成現量或直覺；比量或推理。聞是事實的權威；念是說明的權威。聞便是直覺的產物。因此印度古代的宗教往往建立在聖靈為證的基礎上，建立在個人直覺經驗的基礎上。印度古代哲學則稱為「見」。這說明直覺存在的普遍性。

　　但是由於產生直覺的主體為個體，而每個個體又生活在不同的環境和時代，他們的地理、歷史文化傳統、社會地位和個人經歷互不相同，因此在宗教體驗中便產生了多樣性。如摩西是在燃燒的灌木叢中看到神；耶穌是從河裡一上來就看見天空在他上面分開了，聖靈如同鴿子向他降下來。他又聽到從空中傳來的聲音說：「你是我的愛子，我選擇你。」 這便是耶穌對上帝的體驗；穆罕默德的一生同樣充滿了神秘的體驗。總之，不只是東方，在西方，蘇格拉底、柏拉圖、普羅提諾、波菲利❶、奧古斯丁、但丁、班揚❶和韋斯利❶等人都有個人對「絕對」精神的不同形式和不同內容的體驗。

　　拉達克里希南還提出，體驗是真實的，即使感受的對象一致，都是對神或絕對的領悟。但是當他將自己的切身感受用語言表達出來時，也必然會採取自己的習慣用語，這便為悟性提供的材料又增

---

❶　《理想主義的人生觀》，頁89-90。

❶　波菲利(Porphyry, 233-304)，希臘哲學家，新柏拉圖主義者。

❶　班揚(Bunyan, John, 1628-1688)，英國清教徒牧師，傳道者。

❶　韋斯利(John Wesley, 1703-1791)，英國神學家，衛理公會奠基人，福音傳道者。

添了理智思維的新內容。這種個人採用的表達方式，也是由傳統和文化所決定的。

綜上所述，我們可以將直覺在宗教體驗中的功能歸納為四點：

1. 直覺經驗是領悟「梵我同一」原理的唯一途徑。只有通過整體直覺才能直接證悟人性中之神性，獲得神人的永恆真理。感覺和理性只能認識部分真理，梵（絕對）是完全的真理，梵我一體只有在主、客完全泯滅的無意識狀態下才能證悟。

2. 直覺經驗是多元性宗教產生的原因。這是因為當個人（或某個先知）處於直覺狀態時，他所經驗的事實，往往是一種具體的幻像，而不是抽象的絕對，因此便產生了人格化的神，繼而又通過不同的語言和不同的文化背景而創造出多種形式的宗教和神明。因為體驗富於個體性和神秘性。

3. 直覺經驗是改變生存目的的最佳手段。這是因為人在直覺產生的瞬間，由於他直接感受到神的真實存在而情不自禁地陷入一種無比幸福和極端歡樂的精神狀態，這猶如投入了愛情的懷抱，忘卻了自我，忘卻了周圍的一切，而情願為他所愛的人貢獻出全部生命。此時他會覺得神是他的終生伴侶和朋友，使他感到安全、寬慰、自信和滿足，不再有孤單和恐懼，而是想將他的全部身心奉獻於這種至高至上的精神或神，以及神聖的事業。

4. 直覺經驗可獲得解脫的最終目標。因為宗教的最終目的是將人的暫時的無意義的狹隘思想提高到有意義的永恆狀態；將混亂無序的生命轉為純淨不朽的本質。將人的生命神性化，這是許多宗教的夢想。在印度教來說，是追求解脫(mokṣa)；在佛教來說，是達到涅槃(Nirvāṇa)；在基督教來說，是升入天國；對柏拉圖來說，是獲得純淨的生命和無煩惱的感覺。總之，解脫就意味著個人能真正認

識自己本來的面目，恢復個人完整的存在，這種感覺和認識也必然
要依靠宗教的整體直觀。同時解脫還意味著全體人類的解脫，並非
只是個體的解脫。真正的聖者決不會拋棄大眾，自己走入天國。所
以大乘佛教宣布要普渡眾生；《薄伽梵往世書》也有如此記載：

> 我不想得到最尊貴的八種圓滿功德，也不想從再生中獲得解
> 脫；我願分擔一切眾生遭受的痛苦，並與他們在一起，為了
> 使他們能從不幸中獲得自由。⑲

普渡眾生的思想同樣是由於直覺證悟出神人的真實性，從而改變了
對自我和人的本質的看法，將狹隘的個人精神提高到普遍精神的結
果。

　　最後，我們引用拉達克里希南的話作為本節的總結。他說：

> 宗教的體驗，這是一種意識模式，它不同於感性知覺、想像
> 力或理智，而是具有不證自明、完全充分的特點。各個時代
> 的宗教信徒已經得到他們對神的無疑的信仰，這是通過這種
> 直接的方法去探索對實在的理解。
> 遍及宇宙和自我統一中的直覺，有時被強調到如此程度，以
> 致否定了能賜予我們以愛的神或真正獨立的自我。
> 那些具有這種意識的人便具有聖潔的靈魂。他們的一生最突
> 出的表現是對至高無上的精神抱有不可動搖的信念，富有不
> 屈不撓的樂觀主義，普渡眾生的道德和宗教信仰的自由。
> 獲得堅定的精神上的頓悟是宗教一貫努力的目標，它的方法

---

⑲　轉引自《理想主義的人生觀》，頁125。

則是一種道德的生活和沉思的藝術。**⑳**

（五）直覺力的培養

直覺，在拉達克里希南看來既然是認識的最高階段，那麼如何才能受到訓練和培養呢？

拉達克里希南認為首先要嚴格遵循道德的軌範。當一個人陷入私我的慾望中時，他便會產生一種與普遍精神分離和孤立的感覺，這時他自私、忌妒、煩惱，總有一種不滿足感。私慾越上升，自我越膨脹，越是孤獨、不安、心神不定，內外生命無法和諧。所以確立並遵循道德生活的準則，使人們認識到人性中富有神性的真理，自覺的將經驗的自我提高到超驗的水平，不斷排除私我的干擾，將膨脹的自我引向安寧、平靜，這樣才能創造一種沉思冥想的環境，以便在自己內心去親證先知們的教導，領悟神人的真實存在。簡單來說，直覺力培養的先決條件是將私我奔騰的野馬，套上道德生活的枷鎖。這在佛教來說，就是遵守佛陀提出的「八正道」；在俄爾甫斯教和畢達哥拉斯的信徒來說，就是淨化靈魂使之回歸到它的原始狀況。

其次則是建立沉思冥想的環境，拉達克里希南認為沉思冥想是自我親證的最佳方法，由此我們的思想便可轉入自身並同造物主建立聯繫。他說：

為了深刻地改變我們的存在，沉思和寂靜是必要的。但是貫

---

⑳ 《理想主義的人生觀》，頁125。

徹始終並非易事，因此紀律和克制將幫助我們的意識進入同至尊（上帝）的聯繫。被稱為苦行(tapas)的方法就是竭力堅持在神性中發展一種理想化的生活。苦行是一切分散力的聚集，具有理性的威力、內心的情感和生機勃勃的願望。不但自身的肉體而且將他們全部生命都集中在最高的目標上。❷❶

　　第三是使靈魂再生，將靈魂從本能的肉慾主義的束縛中解脫出來。這不是簡單的改造和昇華而是靈魂本質的再生；這不是靈魂一次的突現而是長久的努力，從一次生命持續到又一次生命，從一個階段持續到又一個階段，使靈魂回歸到永恆之光的發源地，也就是回歸到梵。以上均屬於直覺力培養的理性認識。

　　第四則是培養直覺力的實踐方法，即瑜伽訓練。

　　瑜伽一詞是來自梵文yoga的音譯。原指駕牛馴馬所用的軛、枷等套具，又譬喻人的情慾猶如烈馬需要制御。後來引申為聯繫、合一、結合等多種含意。以後又做為克制情慾的修煉方法。在我國佛教典籍中譯為相應❷❷。實際上瑜伽做為一種修煉方法並非一家獨有，而是印度古代各派哲學所共執。最早見於《梨俱吠陀》，在奧義書和《薄伽梵歌》中也多有敘述；耆那教教主筏馱摩那(Vardhamana)曾以十二年的時間投入瑜伽實踐；佛陀在成道前也有六年的瑜伽苦行；數論派和正理派也很重視瑜伽。到西元前二世紀才出現獨立的瑜伽派哲學。所以瑜伽派可視為對古代印度各派哲學中瑜伽思想和瑜伽實踐的總結。

---

❷❶　《理想主義的人生觀》，頁113。

❷❷　相應即契合之意，唯識派解釋有五義：一、與境相應；二、與行相應；三、與理相應；四、與果相應；五、與法相應。（見《唯識述記》二）

《瑜伽經》(*Yoga-Sūtra*)由瑜伽派創始人波顛闍利(Patañjali)著述，是瑜伽派的根本經典，也是瑜伽實踐的基本依據。它大約成書於西元前二世紀，至西元後400年定型。全書共四卷。第一卷三昧分，敘述禪定之性質和目的；第二卷修持分，敘述達到目的的方法，提出瑜伽八支行法；第三卷變化分，敘述修持後所得到的各種神通；第四卷獨存分，詳述解脫。其中心思想是教戒人們以瑜伽行法修煉身心，使小我（個體靈魂）與大我（最高精神）融為一體，達到神我獨存的解脫境界。後來有不少哲學家對該經加以注釋，最著名的有毗耶娑(Vyāsa，四世紀)的《瑜伽經注》；筏遮塞波底·彌尸羅(Vācaspati Miśra，九世紀)的《明諦論》；博闍提婆(Bhojadeva，十一世紀)的《王解脫》；識比丘(Vijñānabhiksu，十六世紀)的《瑜伽功業》和《瑜伽綱要》等。

《瑜伽經》中所提出的修煉方法，共有八種：

1.禁制(Yama，夜摩)，為消極的道德戒律。指不殺、不盜、不淫、不貪、不妄。經中說，禁制是偉大的誓言，它是普遍的，不受生命狀態、空間、時間和場合的限制。

2.勸制(Niyama，尼夜摩)，為積極的道德戒律，指清淨、輕安、苦行、誦讀、崇敬自在天神。

3.坐法(Āsana)，指修煉身心時盤坐的方法，是輔助入定的必要條件。要求身體輕安、自在、堅定，不能有絲毫矜持不安。只有身體放鬆，才能排除外物干擾，進而與無限觀念等至。

4.調息(Prāṇāyāma)，指控制和調理呼吸使之安心的方法。通過位置、時間和數量來調節呼吸，既是長時間的又是細微的，以便使意（心）適合於執持。

5.制感(Pratyāhāra)，指控制感官不為外物所執的方法，使之對

世間各種誘惑均失去興趣。「似乎是心處於本性狀態，感官被置於最高控制之下。」(II，54，55)

6.執持(Dhāraṇa)，指使心專注於一處的方法，為使心不外馳。

7.靜慮(Dhyāna)，指專注於對自我沉思的方法，使主、客觀合而為一，進而達到等執狀態。

8.等持(Samādhi，亦稱「三昧」或「定」)，指自我完全排除慾念，與對象融為一體，已經意識不到自身和外物的存在，唯感真知神我獨存。

後三支（執持、靜慮、等持）合起來稱為「總制」。前五支主要是外部的修煉，後三支是內部的修煉。人通過總制可獲得各種神通力，如通過對行力的直觀可獲得前生的知識；通過對觀念的總制，可得他心通；通過對身體形態的總制，可得隱身術；通過對頭的光輝的總制，可得天眼通；通過對太陽的總制，可獲得世界的知識等。總之，神通力是各種各樣的，這要決定於瑜伽行者所總制的對象。

瑜伽術已有數千年的歷史，今天它不只是印度人民的寶貴財富，也是世界人民的精神財富和修煉方法。數千年來，由於各種宗教哲學派別大都重視瑜伽實踐，因此也形成了不同的瑜伽術。目前基本上可分為四類：

一、王瑜伽(Rāja yoga)，強調通過調息、制感、靜慮等步驟使精神高度集中，以達到「三昧」解脫。

二、信瑜伽(Bhakti yoga)，要求通過虔誠信仰，崇敬某位神或某種事物，以獲得解脫。

三、智瑜伽(Jñāna yoga)，注重通過知識，認識真諦而獲得解脫。

四、哈陀瑜伽(Haṭha yoga)，強調肉體的鍛鍊以獲得身心解脫。

此外還有：奉行苦行達到與大神濕婆結合的「濕婆瑜伽」(Śiva

yoga)；按照個人的社會責任尋求行動方法的「業瑜伽」(Karma yoga)；通過聲音的神秘力量來控制情感的「密咒瑜伽」(Tantra yoga)等。

拉達克里希南所提倡的實踐方法是基於瑜伽派哲學的根本經典《瑜伽經》的八支行法。他在《印度哲學》第二卷第五章中專門闡述了瑜伽體系的先驅，瑜伽文獻及年代，數論和瑜伽的關係，瑜伽心理學，認識的方法，瑜伽術，道德前提，身體訓練，呼息標準，控制感官，沉思，專注一處，自由，業，神通力和瑜伽的一神論等。在認識方法方面，拉達克里希南指出，應像《瑜伽經》所載，觀者保持其本來面目，觀者、觀的行為和觀的對象合為一體。觀便是對自身本性的直觀，由此便可提高自覺力。在瑜伽術一節，他介紹了瑜伽八支行法，指出後三支是直接的或直覺的助因，而前五支則是間接的外在的助因。因此培養直覺力主要應修煉後三支，即執持、靜慮、三昧。在三昧狀態，身心便可得到完全的自由。拉達克里希南說：

> 瑜伽堅持通過三昧獲得自由，這是給三昧下的定義，三昧是處於一種陶醉的狀態，在這種狀態中主體與外界的聯繫被打破了，這也是瑜伽修煉的目標。㉓

他指出印度瑜伽學派所確立的一套規範，總的來說是要求我們對自己本性的一切構成因素加以綜合控制，以便讓精神能自由地創造性地發揮作用。而瑜伽修煉和直覺的關係又是相輔相成的，直覺是瑜伽的內在助因，瑜伽又是提高直覺力的助因。

㉓　《印度哲學》，頁858，1992年，新德里英文版。

第五章 精神的宗教和世界的需要

拉達克里希南曾在多部著作中從不同方面、不同角度闡明了自己的宗教觀。如《東方宗教和西方思想》、《印度教徒的人生觀》、《宗教與社會》、《宗教在現代哲學中的優勢》、《宗教在人類生活中的作用》以及《自白片斷》和《我對真理的追求》等。在這些著作中，他闡明了宗教產生的根源，宗教的本質，真正的宗教和各種宗教的關係，精神宗教的內涵，宗教生活的不同階段及其意義以及建立普遍宗教的理想等。其主要觀點分別敘述如下：

（一）宗教是人類精神生活的需要

拉達克里希南明確提出，宗教產生的根源即在於人類內心的痛苦。如果人類不感到虛無、孤獨、煩惱和苦難，不感到貧乏、焦慮和無助，就不會產生宗教。但在事實上，人類總有一種不安全感、焦慮感和內心的騷亂。這是因為人類不能迴避對自身命運的憂慮，當他看到世界上所發生的事物從根本上來說都是不穩定的和短暫的，具有無常、易朽和永逝不返的特性，不可能持久地抓住任何東西，生命的白晝時刻都會沉入死亡的黑夜，這時略有思想的人們都會擔心宇宙和人類生存的命運。這種大禍臨頭的憂慮已經成為一切

宗教著作的主題。對於世界的無常感，印度阿克巴大帝(Akbar, 1542
-1605) 曾在他建好的城門上，刻下一句意味深長的格言：當它建成
時，即將被毀棄 (He deserted as soon as it was built)。耶穌曾說過：
「這個世界是一座橋，通過它，但不要在它上面造房子。」 德國著
名哲學家，存在主義的主要代表人物海德格爾 (Martin Heidegger,
1889-1976)更加明確的指出，一切存在物都受時間性和歷史性的影
響，全都不能逃脫歷史的命運。一切存在物都受到兩種可怕的判決
的威脅，即死亡和空幻，而且人們畏懼死亡。由於人的內心有這種
「存在的極不安全感」， 這種對死亡和虛無的恐懼，便產生了對宗
教的需要，這是因恐懼感而尋求宗教的內在條件。

　　同時，人還有一種焦慮感，這是因為人類濫用自由而造成罪惡
所致。本來自由是人類的天賦權利，然而使用不當便可成為任性，
任性則導致道德放縱，從而產生罪惡。拉達克里希南說：

　　　　在大地上還沒有一個定能把我們從誘惑中解脫出來的地方。
　　　　……誘惑就像我們呼吸的空氣一樣是離不開的。❶

所以人類總是擔心、害怕犯罪。這是一種心理狀態，但是在這種痛
苦和恐懼的心理壓力下，可以引起人們對宗教的狂熱。

　　人還有一種內心的騷亂，拉達克里希南描述道：

　　　　當人朝著自己看時，肉體的紊亂，感官難以容忍的失誤，心
　　　　靈中可怕的錯亂，自然本能的墮落，這一切使他嚇呆了。他
　　　　作為存在的人具有的自尊心受到傷害，他覺得降低了自己的

---

❶　《拉達克里希南的哲學》，頁51。

身價。他也覺察到罪惡像是一種不可思議的和不可避免的事，某些事比他為善的心意更久遠、更深奧。❷

於是人總是害怕被一種難以理解的力量所控制。他不明白人為什麼總是處於自相矛盾狀態，有時他對同伴懷有敵意，有時又同他們謀求和平和團結；他雖然貪生怕死，但在必要時準備犧牲一切。人究竟是什麼？人是怎樣來的，又將向何處去？這些自我困惑，也使他求助於宗教。

那麼，在科學極其發達的二十世紀，人們是否還需要宗教呢？拉達克里希南的回答是肯定的。他指出，我們的科學文明在人類歷史上是空前無比的。我們曾經支配了自然力，控制海洋，征服天空；我們還增加了生產，戰勝了疾病，組織了貿易並使人類成為環境的主宰。但是也應看到，自然從來沒有馴服於人的意志。她仍然盲目任性，她的狂風暴雨，旋風地震，還在不斷地破壞人的事業，摧毀人的理想。人對生命和身體的極限也照舊不能改變；在世界上人與人之間仍然生活在戰爭的恐怖和互不信任之中。所以科學的發達並沒有從根本上使人類擺脫不安全感和焦慮感。科學知識的增進與宗教智慧的增長並不相應，它只能加強我們對死亡的恐懼。科學在涉及人類心靈時，在解決心靈的矛盾和紊亂方面，它的能力是有限的。

那麼社會的進步是否能消除人們對宗教的需要呢？拉達克里希南的回答仍然是否定的。他指出，我們儘管能夠清除貧民窟，減少放蕩，消除對工業變革的恐怖，但是在最繁榮的環境中，我們的內心仍然會充滿痛苦，由於貪得無厭，由於祈求至福而苦惱。拉達克里希南說，通過社會秩序的變化可以解決某些苦難，如消除饑餓、

---

❷ 同上，頁52。

挨凍、文盲、疾病、失業等等社會不公正現象，這些社會變革，我們有責任去實現。但是人害怕犯罪的精神狀態並不因社會變革而消失。

總之，只要人類的精神生活得不到澈底解放，人類仍然處於不安全感、焦慮感和自我矛盾的精神痛苦之中，小我和大我處於分離狀態，我們的局部生命不能匯入整體生命之中並與整體生命融為一體，我們便不會感到實在、無畏、自由和不朽，這時我們就需要宗教的慰藉和依托，需要神（或無限）的陪伴和激勵。所以拉達克里希南認為宗教是一種精神的需要，真正意義上的宗教只能是精神的宗教。

（二）宗教的本質和各種宗教的關係

什麼是宗教？宗教的本質是什麼？對此有各種各樣的回答。有些人認為宗教就是對上帝和《聖經》的信仰，如果不相信《聖經》並無視上帝的存在，那麼他就是無神論者；有人認為宗教就意味著按時去拜訪教堂，參加禮拜，經常祈禱，並不關心內心是否虔誠；也有人認為宗教是對現實的逃避，他們將世界分成神和萬物，一邊是絕對單一的純潔，另一邊是騷亂和衝突的國土，對宗教的渴望則是想從難以忍受的悲慘的現實中逃避到理想的世界去，想在寂靜的沉思中使孤獨的自我得到滿足；還有人認為宗教可以約束那些國家法律所管不了的某些細小的行為，宗教是對社會規則的補充。總之，

在人類思想史的發展過程中，不是把宗教等同於感覺、感情和情緒，就是把宗教等同於直覺、崇拜和祭儀，或者把宗教

等同於觀念、信仰和信條。❸

拉達克里希南認為對宗教的這些觀點，其正確性只是部分的，他們只肯定了宗教所具有的這一因素或那一因素，並不是宗教所共有的本質。拉達克里希南說：

> 宗教不接受學究式的抽象或祭儀的慶典，而是一種生命的體驗。它是對實在本質的洞察（見）或是對實在的體驗。這種體驗不是一種感情的激動或主觀的幻想，而是整個人格的響應，使自我和中心實在相結合。宗教是某種特有的自我狀態，儘管它通常與理性信仰、崇拜儀式和道德價值相混淆，實際上它只是一種意識狀態，……❹

他還說：

> 宗教不是信條或法則，而是對實在的證悟。❺

在這種直覺的證悟中，人便可在自身的靈魂中發現比自身更偉大的靈魂，也就是說，它將人的有限方面引導至無限方面，在人性中展現出神性。對這種真理的證悟才是宗教真正的本質。

所以拉達克里希南總結說：

---

❸　B. K. 拉爾：《印度現代哲學》，頁316。

❹　《印度教徒的人生觀》，頁15，1926年，牛津英文版。

❺　《我對真理的追求》，頁64，1977年，新德里英文版。

宗教實際上是與內在生命相關聯，它的目的是確保精神的實在性，以杜絕愚蠢的失望或提出生命是無意義的存在。宗教必須以自身的標準來判斷它是否給予價值的保證、生命的意義和冒險的信心。宗教植根於人的精神，它比感覺、意志或理性更深刻。……宗教是對實在基本本性的認識、洞察或穿透，它不僅多少使我們滿足了強烈的理性衝動，而且也給了我們與真正存在的接觸點，這是我們為了維持生命力，為了實現真正的尊嚴和為了獲得解脫的需要。❻

以宗教真正的本質去衡量各種宗教，拉達克里希南認為，它們最基本的共性便是對「絕對」或神的親證的真實性。

在《印度教徒的人生觀》一書中，拉達克里希南闡明了印度人對宗教衝突的態度。他說，在南印度流傳著一首民歌，歌詞是：

源於小山各邊的河流，
共同湧入大海的懷抱，
它們的名稱如同它們的泉源一樣眾多，
正像偉大的神儘管有眾多的名字，
人們在每一塊大地上都向他們鞠躬。

對於印度人來說，無論是梵、毘濕奴、濕婆還是黑天、迦利、佛陀，他們從來也不予以爭論，而是認為這些名字都代表絕對的實在和道德的完美。最高神是三界的統治者，然而他在各種宗教和教派中卻有著不同的稱呼，他被濕婆信徒崇拜為濕婆；在吠檀多信徒中被崇

---

❻ 同上，頁52–53。

拜為梵；在佛教徒中被崇拜為佛陀；在耆那教徒中被崇拜為大雄或
解脫者；而墨守儀式的人們則可能崇拜為「法」。不管稱謂什麼或
向誰祈禱，他都暗示著有一位實在（神），並賦予他以不同的智慧。

　　這種看法不僅在印度存在，在世界上一切神秘主義的宗教者身
上都存在。例如伊斯蘭教蘇非派一位詩人就曾寫道：

　　　大杯子或大肚酒瓶，碗或缸，

　　　粗短的、細長的，

　　　粗糙的、美好的，

　　　無論什麼樣，陶工可以製造也可砸破，

　　　一切製造的容器都能盛酒：我們要尋找這個或避開那個，

　　　當裝滿酒時，

　　　它們的價值不都是一樣嗎？ ❼

　　英國奧秘神學家和詩人安德希爾·伊夫林 (Under Hill Evelyn,
1875-1941)曾寫道：

　　　儘管東西方神秘主義的理論有廣泛的不同，儘管他們對靈魂

　　　所提出的人生理想也不一樣，然而在聖人的體驗中這種衝突

　　　似乎已經被超越了。當神的愛降臨時，分歧已成為不可能，

　　　因為靈魂已經越過了各種界限而進入單一的實在中。 ❽

所以人們不能確切地說明在婆羅門、蘇非和基督教神秘主義者之間，

---

❼　《印度教徒的人生觀》，頁36。

❽　同上，頁34。

當他們處於最佳狀態時，究竟有什麼不同。

德國的神學研究者也同意這種看法，他們對此評論說，無論在什麼時候，當基督教神秘主義者的宗教感情上升到最高點時，他們便會擺脫基督並與一切時代的非基督教神祕主義者恰好處於相同的領域內。

總之，拉達克里希南說，我們具有洞察力的先知們已經設想出一條達到真理的道路，即通過獨特的宗教體驗來親證「梵」的存在。他們或是在廟堂和神龕的庇護下，或是在教堂和清真寺的庇護下，都曾見到過輝煌的神聖的影像，這些聖人、先知決不會誇大宗教外部形式的重要性而是給予某種普遍的預見和對某些事物的敏感，以這種預見和敏感來支配豐富多彩的人性。

拉達克里希南指出，雖然宗教生活屬於啟發內在心靈的領域，雖然先知們具有相同的宗教體驗，但是當宗教被賦予外在形式時，就失去了它的真正特性，從而被人們誤認為有不同的宗教。這是因為人們生活在不同的文化傳統中，當先知將自己的體驗傳達給那些需要幫助的尚未認識到真理的人們時，只能借助於語言和符號，這些都是間接的概念並且和我們生活的環境和傳統文化緊密相連。但是我們不同的傳統都是組成世界歷史的一個部分。如果我們認定這種具有歷史局限性的傳統宗教形式是絕對的，那麼，我們就不可能從暫時的和偶然的奴役中解放出來。拉達克里希南說：

> 宗教不變的本質是促進人的覺悟。而傳統幫助我們得到的真理首先是傳統的，那樣的傳統是不完善的，不能充分表現出真理。如果我們所愛的真理是普遍的而不是我們傳統的見解；如果我們除了真理和皈依上帝之外，別無所求，那麼，當前

宗教的傲慢和敵意就會消失。❾

　　拉達克里希南為了說明自己的觀點，他還援引英國牧師威廉・勞(Law, Willam, 1686-1761)的看法。威廉・勞認為：聖徒們共同享有上帝的愛和一切美德，這是誰也不能從特定教會的所謂正統性中學到的，只有完全拋棄一切世俗觀點，通過上帝純粹的愛和一種自上而降的熱忱，從一切自私自利中解放思想，熱愛真理和善良，以平等的感情對待一切人，不管他是基督徒、猶太人或異教徒，這樣才能得到天主教的精神。威廉・勞說：

　　　一個宗派的要害在於它把自身看做是真理之所需，然而真理只有當它不為宗派所支配，而是像上帝的仁慈一樣是自由的和普遍的，並且像世界上的空氣和陽光一樣為一切名稱和民族所共有時才能得到。❿

　　同樣，印度古代的《慈愛奧義書》也曾教導說：

　　　有的人默禱一個名字，而有的人默禱另外一個名字，那一個是最好的呢？全都是通向超越、不朽和無形的「梵」的最佳思路。這些名字被默禱、讚美而最後被否定。人們通過它在諸界中上升得更高。當全都達到終極時，人們則在那裡達到了神人合一。⓫

---

❾　《拉達克里希南的哲學》，頁77。

❿　《拉達克里希南的哲學》，頁78。

⓫　同上。《慈愛奧義書》的此段譯文可參見徐梵澄譯《五十奧義書》，頁

　　這便是真正的宗教與各種宗教的關係。普遍的真理，精神的宗教，對神或「絕對」的直接經驗是「一」， 是宗教的真正本質，而世界上各種各樣的宗教只是「一」所表現的「多」。「一」與「多」的關係是整體與部分，本質與現象的關係，認識到這種真理，才能消除一切爭端。

　　但是現實並非如此，各種宗教教派林立，彼此之間相互傾軋，抬高自己，貶低他人。尤其是當時的某些教會組織總以為自己的宗教絕對優越，極端輕視別的宗教。拉達克里希南說，他們有些像帝國主義國家的政治動機，硬把他們的文化和文明強加於世界各地。如果教會的活動像這樣堅持下去，而不是幫助別人做得更好，他們就會成為使世界精神枯竭的罪魁禍首。拉達克里希南還批評了那些牧師，說到迄今每個牧師評價他自己的信仰就像凡夫俗子對待他的帽子和褲子一樣，是那樣狹隘、自私、無知和庸俗，而沒有看到宗教信仰的普遍意義。

　　拉達克里希南指出，目前社會的進步和科學的發展都大大超過了地區和民族的界限，沒有那一個國家、民族和宗教能包攬全世界。因此各種宗教之間不是謀求征服或融合，而是應該相互理解和尊重，求得各宗教間的共處，即建立在人類宗教共同經驗基礎上的共處。他說：

459，相應的譯文是：「……有人敬念乎此，有人敬念乎彼，究以何者為最佳（為當敬拜）者耶？請教我輩也。」彼乃告之言：（五）「誠然！凡此皆最高表相，無上，永生，無體之大梵也。是故有云，人而自隸於任何其一，則自足其樂於彼一界，故曰：大梵者，此全世界皆是也。誠然！凡此為其最高表相者，人當敬念，讚拜，而後否定之。與之上躋高而又高諸界。而在宇宙散壞時，乃與神我合為一體矣！與神我（合為一體）矣！」（六）

不同的宗教也許會保留他們的特性、他們不同的教義和具有
特色的信仰方式，只要他們不去損害精神上的共同感。永恆
之光如果全部照在我們的臉上，我們就會失明。如果衍散成
色光，我們的眼睛就能看到一些東西。不同的宗教傳統給同
一現實披上了不同樣子的外衣，他們的形像能夠互相容納和
受益，從而給予人類以多方面的完美，印度教的精神光彩，
猶太教的忠誠恭順，希臘異教徒的生命之美，佛教的慈悲，
基督教富有想像力的神聖之愛，以及伊斯蘭教聽命於真主的
精神。所有這些代表內心精神生活的不同方面，都是不可言
傳的人類心靈體驗在理智層面上的投影。⓬

　　總之，各種不同的宗教都是起源於人的精神生活的需要，也都
是人對未知世界的響往。宗教的一致性是建立在神聖的和普遍性的
基礎上，而不是建立於世俗的和局部的基礎上。儘管思維方式由於
環境和背景不同而相異，但是只要有精神真理存在，宗教便有它的
一致性。正像希臘傳記作家普盧塔克(Plutarch，約西元46-119後)所
說：

　　　　我們不要說不同的民族有「不同的神」，也不要說「蠻族的神」
　　　　和「希臘的神」，雖然不同的民族起了不同的神名，但對大家
　　　　共同的是，就唯一的邏各斯(Logos)而言，是照臨垂鑒他們的，
　　　　而對眾小神仙而言則是指定來各司其職的，按照他們不同的
　　　　風俗習慣，在不同的民族中顯現不同的稱號和儀式。⓭

⓬　《拉達克里希南的哲學》，頁76。

⓭　同上，頁76，註75。

在消除宗教的紛爭中，拉達克里希南認為，我們的責任就是指出所有向上的道路都能導致登上山頂。隨著我們心靈的日漸成熟，原來的傳統所形成的差異就會趨向縮小，宗教的一致性也會隨着到達山頂的那些人的見證而變得明確和真實。

（三）精神宗教的內涵

不同民族的不同宗教只是真正宗教的表現形式，宗教的真實內涵是啟迪人的心靈，改變人的本性，深化人的意識，發展有意義的生活態度，使人們從僵化的宗教教條中解放出來，拋棄宗教的外部形式而獲得精神的自由和解脫。為此便要建立精神的宗教，這是真正宗教的本質，也是拉達克里希南宗教觀的核心。

首先，精神的宗教建立的前提和基礎，按照拉達克里希南的觀點，就是通過整體直覺所獲得的心靈體驗。這種對「絕對」或「上帝」的直接經驗是真實的和普遍的。正如本書直覺論一章中所述，無論是印度古代的吠陀和奧義書，還是西方現今的神秘主義大師；無論是古希臘的柏拉圖，還是現代伊斯蘭教的蘇非（神秘主義者），他們中間許多先知和聖哲都曾在出神入定狀態中親身體驗到「上帝」、「神」或「絕對」的顯現。也許它是一種幻像，也許它是極美的光環，也許它頃刻即逝，但是它是實在的，在人的心靈上曾留下終生難忘的印象，並為我們保存了概念性的描述。即使我們自己還沒有這種體驗，我們也不會懷疑前人親證的可靠性。真理就是真理，這是不證自明的，真理的存在絕不因個別人的意志而轉移或消失。拉達克里希南認為這種不證自明的真理的存在事實便是精神宗教的前提和基礎。

　　其次，精神宗教的內涵總的來看包括三個方面：一是對超越於
宇宙萬物之上的「絕對」的認識；二是對存在於宇宙之內的「絕對」
的認識；三是對自我的認識。簡單的說，精神宗教就是指人的精神
和神的精神之關係的宗教，也就是在人性中顯現神性的宗教。

　　拉達克里希南認為，當直覺的幻像消失時，人就恢復了對這個
世界習慣性的意識。所說的上帝存在的證據，只能以已經理解到的
事物去說明。但是幻像並不是一個實在的客體，它經常捉摸不定，
所以對它的說明也只能是近似的，其表述總是不充分的。為了充分
的描述這種幻像並使人們易於接受，往往就把純正且單一的意識經
驗，把「絕對」分成雙重概念，一是作為完全超越於宇宙之上的「絕
對」，它高出一切事物，是絕對的完美和崇高，對萬物具有至高的
權力，不可言表，不可思維，這便是「梵」或「絕對」；另一個是
作為存在於宇宙之內的「絕對」，他便是充滿活力的，對人類充滿
愛的上帝。他賦予我們自由和生命的財富，我們給予他不同的稱呼
和特性。實際上這兩種不同形式的「絕對」都是唯一真理的體現，
也就是對心靈直覺的不同說明。精神的宗教正是人類內心對這種雙
重人格「絕對」的追求。只是精神修煉的程度不同，而將「絕對」
一分為二。

　　絕對是一方，人是另一方。人羨慕神，讚揚神，求助於神，他
總想以神安慰自己並依賴神的威力去消除自身的痛苦和困惑。這便
是精神宗教產生的原因。當人們回過頭來，將仰望上帝的眼睛轉向
自身時，他才發現雖然上帝無所不在，但是在人的靈魂中更容易找
到，「我們自身便是神靈的聖殿」。精神宗教的目的正是在於啟發人
的內在精神，使人性顯示為神性。

　　拉達克里希南引用下面一些言論來說明精神宗教對人的啟迪

作用。

聖·奧古斯丁(St. Augustine, 354-430)在《懺悔錄》中寫道：

> 看哪！你就在裡面而我卻在外面到處尋找你。你與我同在而
> 我卻不同你在一起。你召喚、呼喊，向我振聾發聵。你閃耀、
> 發光，對我啟蒙導盲。你呼出香氣，我吸了進去，仰慕着你。
> 我遍嚐滋味又饑又渴。你觸摸我而我為你的平靜而激動。⑭
> 對於我，你比我心靈最深處更深，最高處更高。⑮

英格蘭天主教傳教士烏拉索爾內主教說：

> 使之明明白白地懂得，除非我們首先進入自身，我們不能回
> 到上帝那裡。上帝無處不在，但對我們不是處處都有。在宇
> 宙間只有一處上帝與我們相通，那就是我們自己的靈魂中心。
> 在那裡上帝等待我們，在那裡他會見我們，在那裡他同我們
> 談話。因此，要尋求上帝，我們必須進入我們自己的內心。⑯

德國新教教父，存在主義哲學先驅，多明我會神學家愛克哈特
(Eckhart, Meister, 約1260-1327)也曾說過：

---

⑭ 《懺悔錄》，卷10第38。（參見周士良譯《懺悔錄》，卷10第27，頁
209，1991年，商務印書館，北京。）

⑮ 《懺悔錄》，卷3第11。（參見周士良譯《懺悔錄》，卷3第6，頁43，1991
年，商務印書館，北京。）

⑯ 《基督善行的基礎》，頁74。（轉引自《拉達克里希南的哲學》，頁70。）

上帝在充滿他的神性中永遠居留在他的影像——靈魂中。**❼**

以上這些言論都來源於人們的切身體驗，或許像懷特海 (Whitehead, Alfred North, 1861-1947)教授所說，他們是在孤獨時所感受到的，因為你如果從來沒有孤獨，你就決不會信仰宗教。但是這些感受卻是真實的，它說明人與神之間是相通的。人能超越自己，突破平庸自我的局限而與聖靈相通。精神的宗教正是這種以啟迪人的靈魂為目的，作為自我認識的宗教。這無需附加各種宗教形式的外衣，無需敬拜偶像，也無需遁世苦行、摧殘肉體或舉行一系列的祭儀。精神的宗教是在沉思中感受自身的神性，並在行動中顯示神性的偉大。拉達克里希南指出，佛陀在隱居沉思多年之後得到啟迪，然後他把餘生奉獻給繁重的社會和文化工作。甘地是一名宗教徒，但是他沒有建立一套僧侶制度，而是把社會改革和政治活動都看做是他宗教職責分內的事，他說，我為得到拯救的王國而奮鬥，那是精神的超越，對我來說，拯救的道路是通過艱苦的工作為我國和人類服務。我需要使我自己與一切有情一致，我需要與朋友和敵人兩方面都生活在和平中。所以精神的宗教不僅意味著個人的靈魂得到解脫，與神達到一致，而且也意味著普遍靈魂的解脫，使人性普遍上升到神性，那時即是神聖天國的實現。

（四）宗教生活的不同階段

拉達克里希南提出，宗教生活有三個不同階段，正像印度古代奧義書所說的，這三個階段是聞（聽）、思、反覆的深思或有訓練

❼　參見《拉達克里希南的哲學》，頁70-71。

的沉思。從一個階段可以升入另一階段。在十二世紀意大利神秘主義者、聖經注釋家和西多會修士約阿基姆(Joachim, 1130/1135-1201／1202)也認為人在宗教生活方面經歷三個時期。首先是律法書❿字面意義上的「聖父」時期，在那裡我們傾聽和服從。其次是「聖子」時期，我們有爭論和批評，傳統被闡明，權威被解釋。「聖靈」是第三個時期，在那裡我們「祈禱和頌讚」，沉思冥想並激發靈感。通過這些，傳統變得生機勃勃並轉化成體驗。聖・托馬斯在他的《反異教大全》一書中也曾談到人類對神聖事業的三種認識，第一種是借助於理性的自然啟發的認識，這是當理性由創造物上升到神時；第二種是借助於啟示的方法下傳給我們的認識；第三種是對人類心靈唯一可能的認識，即提高對顯示出來的事物的純粹直覺。

聞、思是人類宗教生活的低級階段，當沉思達到閃現直覺時，才進入宗教生活的高級階段。這一過程在前面直覺論一章已經談到，它和瑜伽修煉、佛家禪定、基督教神秘主義的修行生活是分不開的。所以拉達克里希南肯定精神宗教同樣需要宗教戒律，因為

> 宗教戒律的作用是能進一步促使人達到他的神聖狀態，使增長的認識和理解的水平得到擴展。他給宗教生活帶來更好、更深和更持久的調節。一切信仰和修行、頌讚和祈願、冥想和默禱，都是發展這種直接體驗的方法。它們是一種內在的精神狀態，是一種自由和無畏、有力和安全的感覺。❿

---

❿　律法書指《聖經・舊約全書》的前五卷：創世記、出埃及記、利未記、民數記、申命記。猶太教認為這五卷是上帝通過摩西傳布的律法。

❿　《拉達克里希南的哲學》，頁68。

人在執行宗教戒律的生活方式中，他可以得到內心的自我調節，並對他所設想的最終實在給予回答。當他過著修行生活時，他會變得剛強有力，充滿信心，自覺到人格昇華的必然到來。

宗教生活除了遵守宗教戒律之外，還包括社會道德、承擔社會職責、服從法律、良心、善行等。其目的就是創造新的人生。美好人生的實質正是克制、施捨和同情。遵守戒律是對自我的克制；施捨和同情都是對他人和社會。兩者又是相輔相成的，私我越小，大我越強。

但是遵守宗教戒律和社會道德只是宗教生活的初級階段，也可以說是靈魂達到昇華的必要的準備階段。而宗教生活的最終階段仍然是直覺的證悟，即通過直覺親身感受到神或「絕對」的存在，只有達到這種主客不分的意識狀態才能完全獲得靈魂的解脫。

（五）建立普遍宗教的理想

真正的宗教應該是精神的宗教，而不是教條主義和宗派主義的宗教。然而目前的宗教多被教條主義所束縛，人們局限於傳統的宗教外部形式，不顧現代科學的發展水平和現代人的心理狀態，仍然宣講已經陳舊的、僵化的甚至是迷信的教義，這種宗教，拉達克里希南認為是真正宗教發展的障礙和阻力。

一切宗教的目的都在於促進人性的轉變，使自身顯現出神性，這是宗教的真理。它有史以來已越過遼闊的土地，以不同的語言告訴了我們。這種永久自存的智慧，永恆之法，過去如此，現在如此，將來也如此。我們的責任便是回到宗教的核心，而不是糾纏外在的形式並為此喋喋不休的爭論。

拉達克里希南指出，在肉體和精神，體格和氣質，才能和志趣的層次上，我們相互之間大不一樣；但是在一切人的內心深處，即心靈，那是我們存在的真正基地，我們都是相同的，這便是建立普遍宗教的基礎。

拉達克里希南說：

> 雖然我從不對旅遊本身感到興趣，但是我還是多次旅行，並在遠離家鄉的地方，在英國和法國，在美國和俄國都住過。有些年我在英格蘭度過很長時間，英國人民的品質，諸如他們有正義感，厭惡空談，對受迫害者的同情，都使我感動。這些年來萬靈學院成為我的第二故鄉，使我熟悉英國人具有慎重和堅定、信心和勇敢的理智生活。
>
> 不管人們會認為俄國政府的性質怎樣，這裡的人民也都是友好和善和通情達理的，他們的生活同別的地方一樣也充滿了詼諧與猜疑、愛與恨。
>
> 儘管我不曾在這些外國中的那一個國家能繫下根來，但我曾遇見過很多人，有地位高的和地位低的，我都在他們中間感受到人情的溫暖。世界各民族之間並沒有根本的不同。他們全都有深厚的人類感情，迫切要求超過一切階級利益的正義，厭惡流血和暴力。[20]

這種共同的人性更加堅定了他的建立普遍宗教的理想。

拉達克里希南認為，如果宗教能成為人類事務中的有效力量，如果宗教能作為新的世界秩序的基礎起到作用，那麼它一定會更自

[20] 《拉達克里希南的哲學》，頁81。

然的更普遍的成為淨化我們內心存在，從而成為淨化世界的火燄。對這樣的宗教來說，它將不再是傳遞真理的罪惡的山頭，而是使所有被分隔的人們重新聯合起來結成一體。那時「一個人類全體的教會將要建立起來。」這個世界將被一個人類民族所居住，沒有肉慾的缺陷和精神的過失，不僅擺脫了疾病和貧困，也從謊言和憎恨的束縛中解脫出來。當人類進入精神的天國時，他們將把內心中的王國顯現在外部世界上，到那一天，我們將不再臆斷地談論上帝或爭論他的本質，而是容許每一個人在他內心的聖殿中去膜拜上帝，去探求他並得到他。這便是拉達克里希南心目中永恆的和普遍的宗教。

總之，拉達克里希南所建立的宗教理想仍然是精神的宗教。其本質和最終目標是通過宗教的直覺證悟，而使人性上升為神性，最終使人人都成為理想的神人。

這種理想的宗教正像宗教的直覺一樣是屬於個人的、無形的、流動的。它雖然也強調經典和禮儀，讚頌和膜拜，但這些只是實現精神宗教的準備階段，傳統的宗教只是精神宗教的多彩外衣，只有在瑜伽修煉的基礎上，當瑜伽進入三昧狀態時，才能泯滅主客界限，達到靈魂與神我的結合，這時便是精神宗教的最終顯現。

拉達克里希南終生都在探討這種「永恆的宗教」。他說，無論在患病和健康時，無論在勝利和失敗時，它都給我以幫助。我們不一定能看到這種信仰的盛行，但它使我們應當為此而努力，這就是拉達克里希南的理想和願望。

第六章 東西方哲學與宗教的比較和融合

在西方，比較哲學的研究大約始於十九世紀中期至二十世紀初期。在這之前，歐洲人由於對東方哲學的無知並出於民族優越感，自認為西方哲學就是世界哲學的精華，他們將歐洲的哲學史稱為世界哲學史，直到羅素才將他自己寫的哲學史稱為西方哲學史。一些西方的哲學家認為印度和中國根本就沒有哲學，東方只有神話、寓言和民間故事，能稱之為哲學的，至多就是倫理學。在比較宗教領域，他們更具有教派偏見，認為基督教才是世界上唯一的宗教，其他各種宗教只是邪說。當時的西方正是以這種觀點來看待和評價東方的。

後來，隨着帝國主義對殖民地的入侵，西方為了自身利益的需要，企求更多地了解東方，於是首先產生了比較語言學。西方學者一方面是為了滿足政府的要求；另一方面是出於對全人類共同歷史進程的研究，他們不斷地總結出各種語言發展的特點以及它們相互之間存在的近似點，從中總結出基本的規律和語法。對於東方的印度來說，西方人最早研究的是梵文。在這方面，德國學者馬克斯·繆勒(Max Müller, 1823-1900)最為傑出。他於1875年開始編輯出版51卷本的《東方聖書集》，其中大部分是印度古代各種宗教和各派哲學的經典著作。這說明在比較語言學的基礎上，已逐漸擴大到比

較文學、比較宗教學和比較哲學的研究，而且後來還形成了專門的印度學。

在英國對印度進行殖民統治以前，印度本國學者只熟悉大量的印度古典文獻，他們同樣也不了解西方，認為印度文明是絕對優秀的。隨着英國人在印度建立大學，推廣英語，大批英國學者、神學家、牧師來印度講學和傳教，他們充分宣揚了西方的文化、基督教神學和西方古典文學以及歐洲的哲學。這時印度學生才逐漸了解西方，同時，英國人也在印度培養出第一批東方的西方學者，後來他們便成為傳播西方文化的本地教師。在比較哲學的研究方面，最早的印度學者是加爾各答大學哲學系第一任「英王喬治五世精神和道德」哲學教授布拉杰德拉・納特・賽爾(Brajendra Nath Seal)。拉達克里希南則是他的繼任者。

（一）拉達克里希南的思想背景

拉達克里希南從事比較哲學和比較宗教的研究是有其原因的，這和他的家庭與學校的生活環境有關。他出身於正統的印度教家庭，從小接受了傳統文化的教育，對印度教具有虔誠的信仰，也學習過大量的經典文獻。但是他也接受了西方文化的教育，早在少年時代他已進入蒂魯帕蒂的路德高級傳道學校，當時他只有八歲。十七歲時又進入馬德拉斯的基督教學院，這時他已成為大學生，有了一定的獨立思考能力。當時在哲學系課堂上，他的歐洲老師們一面向他不斷地灌輸基督教神學，古希臘、羅馬哲學和歐洲古典文學；另一方面則不停地批評印度的傳統文化，包括其宗教、哲學和社會習俗。這便促使年輕的拉達克里希南努力地學習西方文化，同時又重新審

視本民族的傳統文化。當時他從古希臘哲學、基督教神學一直閱讀
到柏格森、勞埃德·摩根和懷特海的作品；從印度古老的奧義書、
《薄伽梵歌》、《梵經》一直讀到近現代泰戈爾和維帷卡南達的作品。
他在印度教的思想中反覆尋找哪些是活的，哪些是死的，哪些是積
極的思想，哪些是消極的思想。

　　在這期間，霍格教授(Alfred Hogg, 1875-1954)對他有深刻的影
響。當時霍格是馬德拉斯基督教學院哲學系的教授。該院一些歐洲
教師總認為一切非基督徒都是糟透的，唯有基督教才是真正的民族
宗教。而霍格卻與他們不同，他認為一位忠誠的基督徒最大貢獻就
是促使印度自身建立起基督教神學而不是以外來宗教強加於它。這
樣，便要求我們深入到印度教中去觀察和發現，找出基督教與印度
教的共性，然後再指出它們之間的差異，用與印度教相關的基督教
新教義來代替與之無關的舊教義，這樣才能接近印度人的思想背景，
建立印度自身的基督教神學。為此他在1904至1909年間寫了大量的
比較宗教學的論文，並於1909年以論文集出版，書名《業與拯救》。
這期間也正是拉達克里希南在哲學系就學的時期，霍格的思想不但
深深地影響了他，而且還親自指導了他的碩士論文。拉達克里希南
後來曾讚揚他「是一位傑出的神學家」、「是我的傑出的老師」、「是
印度所擁有的最偉大的基督教思想家之一」。

　　從學校畢業後，拉達克里希南便不斷從事東西方哲學與宗教的
比較研究。1929年，英國牛津大學曼徹斯特學院正式邀請他作為厄
普頓比較宗教學講座的講師，主講《東西方宗教》。後來又主講過
〈東方宗教和西方思想〉，從此他逐漸成為世界著名的比較哲學和
比較宗教學的學者、專家。

（二）比較研究概覽

1908年拉達克里希南完成了他的碩士論文〈吠檀多的倫理學和它的玄學先決條件〉，在這篇文章中，他已經貫穿着一條比較研究的線索，他以吠檀多的倫理學和早期康德思想相比較，並列舉了亞里斯多德、伊壁鳩魯、伏爾泰、拜倫、華茲華斯、多伊森、黑格爾等人的言論，提出吠檀多的倫理觀和西方思想一樣，都給了「個我」應有的地位，都同樣是永恆生命的一員也是不朽天堂的兒童。個人的行為只有和道德生活相聯繫，才能維持整個社會的生存。在文章中拉達克里希南還指出西方人對印度教的理解是錯誤的，至少也是一種誤解。印度教的道德內容是積極的，它不只是消極遁世，更重要的是規定出每個人的社會職責，即印度教徒的「法」，這表明印度教同樣具有理智的思想，富有成效的行動和正確的社會制度。至於不二論哲學所講的「幻論」(即Māyā說)，西方人據此得出結論認為：既然世界是不真實，因此吠檀多哲學根本就沒有倫理學。為此，拉達克里希南又對「幻論」作出新的解釋，認為「摩耶」（幻）只表明世界的相對性，它和「永恆」「不朽」「無限」「非創造」相對應，只表明世界是變化的、易朽的、有限的和被創造的，因此它和道德生活密切相關。在文中，拉達克里希南採用了西方人所熟悉的哲學概念來解釋印度教的倫理觀和吠檀多不二論的哲學思想。霍格教授對此評論道：

> 這篇論文……表現出對主要哲學問題的突出的理解力，一種易於把握複雜理論的能力，並且還具有更為優秀的英語水

平。❶

　　然而拉達克里希南並不滿意，他後來回憶說，那是他青年時代的作品，對吠檀多種種非議的回答也是空洞的，他感到慚愧。

　　1920年，英國倫敦麥克米倫公司出版了他的專著《在現代哲學中宗教的優勢》。這部著作也是比較哲學的代表作之一，它是在對柏格森、詹姆斯・沃德、萊布尼茲、威廉・詹姆斯、魯道夫・奧伊肯等人逐個進行研究的基礎上寫成的。在此之前他曾發表過〈柏格森的思想及上帝〉、〈柏格森的哲學是一元論嗎?〉、〈詹姆斯・沃德的多神論〉、〈柏格森與絕對唯心論〉等論文。《在現代哲學中宗教的優勢》一書中，他又進一步探討了萊布尼茲的一元論，威廉・詹姆斯的多元宇宙論，羅素的新實在論，魯道夫・奧伊肯的新唯心論。在這部著作中拉達克里希南試圖說明，當時的西方哲學家均受到神學信仰的支配，他們頂不住神學使命的壓力，在各種各樣的主義和學說中，從形式上看來似乎不受上帝的影響，但歸根結柢還要投入信仰的懷抱。例如柏格森的生命衝動說，他設想宇宙的進化是一種生命之流，是生命在持續不斷地綿延活動。但是他所指的生命是一種心理意識現象。在《創造進化論》中，他明確提出，不是生命產生意識，而是意識產生生命。意識，或者說是超意識，是生命之源。世界萬事萬物均由這種超意識，即生命的衝動所派生的。生命衝動創造一切的觀點，實際上與上帝創造世界的宗教信仰主義是一致的，其不同之處就在於上帝不是在創造世界之後便超出世界之外，成為神秘的精神實體。柏格森的上帝卻是一種純粹的、永無終結的創造

---

❶　K. S. 摩蒂，A. 沃合拉合著：《拉達克里希南：他的生平和思想》，頁
　　17，1991年，德里英文版。

活動本身，正像他自己所說，上帝就是不斷的生命、活動、自由。

又如威廉・詹姆斯的多元宇宙論，（他是美國實用主義的真正奠基人。）認為整個宇宙是一個經驗的結構，經驗主義實際上是一種鑲嵌哲學，即多元實在的哲學。這種哲學將宇宙的終極原因既不歸於物質也不歸於精神，而是分散的、單一的事實的總和。從表面上看這種觀點的確與絕對精神無關並克服了二元論的缺陷。但是詹姆斯又提出人們所經驗的實在只是意味着對於我們的情感生活和能動生活的關係，在這種意義上來說，任何引起和激發我們興趣的東西就是實在的。而人們感興趣的東西就是他們所信仰的東西，因此人們信仰的東西也必然是實在的。由此，他的多元宇宙論又回到了宗教信仰主義。所以詹姆斯公開聲明，他的實用主義並不是無神論的，只是按照功用來選擇上帝。

拉達克里希南最後指出，哲學的職責不是給人某種信仰或某種觀念，而是對人類經驗活動的系統性和理論性的總結。宗教既不是哲學的基礎也不是哲學發展的動力。

在這部書中他還將西方哲學與印度教經典奧義書相對照，認為絕對唯心主義，即世界的精神觀都應基於奧義書的哲學，奧義書的主流思想即是「梵我同一」說，「梵」是宇宙唯一的終極實在。

這部書出版後曾在世界範圍內受到歡迎和評論。它不但成為印度各大學哲學系的教材而且在英、美一些大學中也得到採納。拉達克里希南說：「它使我成為世界知名的哲學作家。」大家公認這是第一部東方人大膽批評西方人的著作，作者不但具有淵博的西方哲學知識，而且具有理智、魄力和辯論的技巧。但是從中也可看出西方哲學已給了他深刻的影響，他吸收了柏格森的直覺論，詹姆斯的宗教經驗論，西方科學以及對人的價值的重視等。這些觀點都融進了

他後來的著作中。

1923年出版的《印度哲學》第一卷及四年後出版的第二卷，系統地闡述了縱貫三千年的印度哲學史，使英語世界的讀者了解到印度古代哲學的智慧，同時也成為溝通東、西方思想的橋樑。從比較哲學的角度看，這部著作不僅較完整的向西方介紹了印度哲學，而且也或多或少地介紹了東方其他國家的哲學。迪倫德拉・摩罕・達塔(Dhirendra Mohan Datta)曾對這部著作總結出五個特點：一、這是一部用優美的英語文學語言所表達的印度哲學思想著作，很容易吸引西方讀者；二、它不僅是印度各派經典的再譯，而且還具有一定的權威性，對破壞古代思想的氣氛給予反駁，通過與西方經典及詩歌、戲劇、哲學、科學各方面的大量比較而將印度思想集中地帶入西方；三、對印度自身各種派別進行了比較分析並在他們各自的歷史背景下考察印度的各派學說；四、駁斥了以前各類東方學者對印度思想的許多誤解；五、不僅在印度和西方思想之間作了分析比較，而且還延伸到中國、日本、巴勒斯坦、埃及和其他國家古代和現代的廣闊的哲學領域，他的心靈顯示出廣泛的興趣❷。由此可見，《印度哲學》這部著作具有深厚的比較哲學的基礎，被認為是拉達克里希南的一部傑作。

1929年，拉達克里希南在英國牛津大學曼徹斯特學院擔任厄普頓(Upton)比較宗教學講座的客座教授，主講〈東西方宗教〉，同年12月，他在該院希伯特(Hibbert)講座中又主講〈理想主義的人生觀〉。這兩次講授的內容後來都在英國正式出版，其內容都貫穿着比較宗教和比較哲學的觀點。

《東西方宗教》共分五講：一、比較宗教；二、東西方宗教；

---

❷　《拉達克里希南的哲學》，頁672-673。

三、渾沌與創造；四、改革要經過痛苦；五、羅賓德拉納特・泰戈
爾。後面三講是拉達克里希南在其他場合演講匯集在《東西方宗教》
一書中的，他在厄普頓講座的講授內容主要是前二講。在這兩講中，
拉達克里希南首先闡明了比較宗教學產生的前提，他認為有兩個因
素，一個因素是《東方聖書》的出版和研究，這應歸功於馬克斯・
繆勒，他關於〈宗教科學〉的講稿，可以被看成是「世界早期宗教
比較研究的導論」； 另一個因素是人類學的發展，在這方面，牛津
大學的教授愛德華・泰勒(Edward Tylor)和詹姆斯・弗雷澤(James
Frazer)均做出了貢獻。他們通過對圖騰崇拜、異族通婚和人類早期
風俗習慣、道德信仰各方面的研究，為宗教的起源和發展提供了大
量的有價值的研究資料，可以說人類學的發展直接導致比較宗教學
的發展。

其次，拉達克里希南闡述了比較宗教學研究的價值。他認為比
較宗教學能夠告訴我們所有的宗教都曾有過自己的歷史，但是以往
的歷史並不是最終的或完美的。宗教是一種運動，一種成長的過程，
在一切真正成長的過程中，新的東西都植根於舊的基礎，每一種宗
教都有舊的東西殘存。因此宗教所表現的並不是絕對的和普遍的，
由於宗教的這種局限性，無論是信仰佛陀或信仰基督，都不可能有
助於我們去贏得整個世界，但是我們可以去做更重要的工作，就是
在不同的宗教間進行調和與解釋，並在現存體系的衰微中去維護各
自的宗教。此外，比較宗教實際上是一直在進行着的，採取的方法
也許是笨拙的、非科學的，但是有理智的人們早已注意到許多宗教
都在支配着人們的生活，他們有不同的信仰和禮儀，這是由於他們
所處的環境不同而形成的。當雅利安人與達羅毘荼人相遇時，比較
優劣的討論便在印度展開了。同樣，古代希臘人也對其周圍的事物

感到興趣。希臘歷史學家希羅多德(Herodotus，約西元前484—西元前430/420)就曾給我們留下某些關於埃及人、波斯人、塞西亞人和其他一些未開化部落的信仰和習俗的史料。基督教和猶太教，基督教和伊斯蘭教，各種教會都曾用他們自己的方法做比較宗教的說明，只不過這是護教學的一個分支，目的是用來保護自己的信仰。拉達克里希南認為迄今為止比較宗教學已經發生了變化，主要表現在兩個方面，一是具有相互接近的精神；二是搜集的資料更趨精確，評論因此也就會建立在更確切的資料基礎上。

第三，拉達克里希南提出了比較宗教學存在的問題和論述的方法。他指出在比較宗教學的研究中，涉及到四方面的問題，即宗教的起源，各種宗教史的比較，宗教思想的比較以及比較的方法。宗教的起源與人類學和考古學有關，但是拉達克里希南不強調考古證據，他更強調宗教產生的過程；對宗教史的比較研究他認為這是比較宗教學的一個分支；宗教哲學的比較研究可打破各種宗教形式，直接把握各種宗教的思想體系，並通過想像、限制、同情和尊敬的方法找出不同宗教的共同背景及共同特徵。譬如神秘主義、禁慾主義、人格化和祭祀、讚頌等都有其相似之處，通過比較可以看出人類大多數的本性是一致的。至於論證的方法，拉達克里希南強調應排除各自的宗教偏見，從全人類的發展史來考察宗教產生和宗教變革的原因及過程。

《理想主義的人生觀》，按照拉達克里希南在這本書中所反映的思想來說，更確切的應稱之為〈唯心主義的人生觀〉。因為他在書中試圖說明，印度哲學與歐洲哲學從表面看是兩種不同的體系，它們之間具有很大的分歧。但是從深層次看，兩者又是一致的，都具有唯心主義的傾向。他說，假如我們遠離各種哲學派別的論爭，

我們就會發現一種強烈的傾向，那就是強調唯心主義的觀點，儘管他們的語言和形式有所不同。

在這部書中拉達克里希南還考察了現代物理學、天文學、生物學、心理學、心理分析學和社會學對唯心主義觀點和宗教的挑戰。他還考慮到由於現代人對傳統宗教不滿意，於是便尋找出各種主義的代替物，如自然主義、無神論、不可知論、人道主義、實用主義、現代主義等等。但是拉達克里希南認為這些形形色色的主義仍然不能滿足人們精神的需要，於是他提出應建立一種精神的宗教，使人能在自己內心發現一種最高的精神實體，這就需要通過直覺。正像在本書第四章所論及的，直覺論是拉達克里希南東西方比較哲學的結晶，他在《理想主義的人生觀》中集中闡明了這一觀點，並將東西方學者有關直覺論的論述融為一體，用以說明直覺證悟的可靠性，直覺認識的特點，直覺產生的過程，直覺認識與感性認識、理性認識的關係，直覺與人的宗教經驗和人的藝術生活的關係等等，最後歸結到只有通過直覺才能證悟「梵我如一」的真理。「梵我如一」屬於唯心主義的觀點，它是印度傳統哲學吠檀多不二論的核心。但是西方的傳統哲學，如黑格爾同樣也是唯心主義的，就這點來說，拉達克里希南斷定無論是東方還是西方，一切唯心主義哲學的本質也正是一切傳統哲學的本質。

D. M. 達塔認為拉達克里希南的這本著作可以看成是他建立比較哲學的大規模的實驗。他所採用的手法在基本概念方面是不固定的，結構也是靈活的。一切偉大的哲學家、詩人、科學家、預言家、神學家、政治家、無神論者和懷疑論者的言論都被引用來說明論題，其結果他調和了基督教、印度教、佛教、儒教、道教和伊斯蘭教蘇非派之間的衝突。以至於閱讀過這部書的學生不免會驚奇地提出疑

間，究竟作者是印度的黑格爾信徒還是柏格森的信徒，是大乘佛教
信徒還是新柏拉圖主義者，或者是一位吠檀多主義者？這也可以說
明拉達克里希南已將東、西方哲學和宗教的本質融為一體了。

　　牛津大學1939年出版的《東方宗教和西方思想》是拉達克里希
南被牛津大學聘請為斯波爾丁「東方宗教和倫理學」教授時主講的
內容。全書共分九章，前三章主要概述東西方的文明史，對西方歷
史着重總結古希臘的文明，認為在古希臘的精神中包括着科學、理
性主義、世俗的人文主義和城市的愛國精神。西方中世紀的文明主
要是基督教文化，而文藝復興則主要是哲學、宗教和政治上的復興。
對東方的歷史着重介紹古代印度河的文明、印度思想中的神秘主義
和它的倫理觀。拉達克里希南認為今天更需要強調的是東方的宗教，
因為東方，尤其是印度，將宗教視為某種精神的體驗，這種觀點在
本質上來說是理性主義的和人道主義的。他還提出宗教的起源問題
以及東方人對生命的整體觀，並闡明了道德生活的本質和善與惡的
界限等。

　　拉達克里希南在本書第四至七章具體地比較了東西方的宗教
思想，其中包括印度河文明與美索不達米亞蘇美爾(Sumer)文明、古
代埃及文明和希臘克里特島西元前 2600 年至西元前 1125 年的米諾
斯(Minos)文化的比較，印度古代經籍四吠陀之一的《梨俱吠陀》(梵
文Ṛgveda的音譯，意譯為《讚頌明論》) 與古希臘城邦國教奧林匹
亞宗教(Olympian Religion)❸以及伊朗諸神的比較；印度婆羅門教
聖典「奧義書」(梵文Upaniṣad的意譯，音譯為「烏婆尼沙曇」)與古

---

❸　奧林匹亞宗教以眾神居住的奧林匹斯山得名，印歐族希臘人創立。崇
　　拜以宙斯為首的神系，是城邦國家社會分工和社會秩序在天上的反映。
　　同時也吸收了原土著居民的宗教成分。

希臘秘傳宗教俄耳甫斯教 (Orphic Religion)❹、埃勒夫西斯秘儀 (Eleusinian Mysteries)❺ 的比較，以及「奧義書」思想與古希臘哲學家畢達哥拉斯、柏拉圖等人的思想的比較。

在比較印度與西方基督教的思想時，他一方面全面介紹了希臘哲學和基督教教義、哲學和神學；另一方面闡述了印度婆羅門教和佛教思想對基督教的間接和直接的影響。其中重點談到了西元前三世紀馬其頓國王亞歷山大對印度的遠征，此後，印度和希臘的文化交流與相互影響；在巴勒斯坦和敘利亞地區印度──伊朗人所崇拜的諸神與印度雅利安人所崇拜的諸神的比較；西元前後流行於巴勒斯坦的艾賽尼派❻的教義與印度婆羅門教及佛教教義的比較；艾賽尼派與施洗約翰和耶穌的關係；耶穌和佛陀在倫理觀上的共性；羅馬帝國時期盛行的諾斯替教❼與印度奧義書哲學和早期佛教的關

---

❹ 俄耳甫斯教的信仰基礎是神話人物俄耳甫斯的箴言和歌曲，相信人死後靈魂轉世。

❺ 埃勒夫西斯秘儀，是希臘秘傳宗教埃勒夫西斯派的一種秘密儀式。西元前七世紀流傳於雅典附近，傳為對農業女神得墨忒耳及其女珀耳賽福涅所舉行的一種秘密崇拜儀式。

❻ 艾賽尼派 (The Essenes)，西元前二世紀至西元一世紀末流行於巴勒斯坦的教派。該派恪守律法，嚴守安息日，主張靈魂不滅，犯罪天罰。每逢安息日便進行祈禱，思索律法書的道理。但不相信肉體復活，反對參與社會生活。一般不參加聖殿禮拜，甘願苦修，與世隔絕。

❼ 諾斯替教(Gnosticism)，羅馬帝國時期，希臘─羅馬世界的一種秘傳宗教。盛行於西元二世紀。據傳最早的導師是西門和梅南德，其後較著名的門徒有撒圖尼努斯、瓦倫廷、普托勒美烏斯和馬庫斯等。他們所宣講的教義各有側重。其基本教義是講人和人在宇宙中的位置。認為這個宇宙大於而且優於人的感官所認識的世界，宇宙有許多同心圈，地居其中，這些圓圈是行星運行的軌道，由神控制。在同心圈之外是

係；諾斯替教對基督教的影響；柏羅丁❽的新柏拉圖主義與印度奧義書的共性；印度、波斯和基督教的神秘主義；印度婆羅門教的經典在西元十五世紀譯成西方文字的情況；以及近代印度在西方的影響。

拉達克里希南在對以上東西方各宗教、教派和學說的具體比較之後，於第七章總結出西方文明的特點，指出西方文明與印度和中國文明的不同之處；提出在西方宗教傳統中存在着三種思想來源，即古希臘─羅馬的因素，希伯來的因素和印度的因素。他還闡述了猶太人的思想傾向及其發展以及印度傳統的神秘主義等。

本書第八章的標題是各種宗教的匯合，拉達克里希南介紹了各種宗教在印度發展的歷史輪廓，說明印度人對其他宗教的態度不是懷疑主義或排外主義而是採取辯論的方法；並指出宗教的本質是在

恆星圈，如瓦倫廷所說，也叫「充滿」(Pleroma)，它包含三十「移涌」(Aeon，原始靈力)，分別相當於一個月中的三十天。每個「移涌」各有所司，如掌管水、土、火、氣、太陽、月亮等。人分為三類，即屬靈的人、屬魂的人和屬肉體的人。屬靈的人（諾斯替教徒）完美無缺，必能獲救；屬魂的人（普通的基督徒）有自由意志，可能上進也可能墮落；屬肉體的人，其本性是魔鬼之子，不能得救。該教注重禮儀，用餅和酒舉行聖餐，以水和聖油施行洗禮。三世紀後逐漸衰微。

❽ 柏羅丁(Plotinus，西元205-270年)，又譯普羅提諾。古羅馬時期希臘唯心主義哲學家、新柏拉圖主義神秘主義學說創始人。認為神是不可言表、不可理解的原初實質，是萬物的始源，由於它自身的充溢而射出萬物，形成三個發展階段：一、產生宇宙理性，包括心智的理念世界；二、產生宇宙靈魂，其中包括人的靈魂；三、產生感性的現象世界。提出人的生活目的就是回歸於神。他的觀點與印度正統哲學觀有相似之處。他曾參加羅馬遠征隊到過波斯和印度，直接接觸到東方的哲學思想。

精神體驗中去追蹤信仰，由於各種宗教都具有精神體驗的傳統，因此對宗教發展來說都有其價值；他還介紹了印度宗教改革的方式以及成功的經驗和失敗的教訓。此外，他還談到印度精神對伊斯蘭教和基督教的影響。

拉達克里希南在本書最後一章全面介紹了印度教中的個人和社會秩序，分析了印度的社會組織和基本特點；印度人生活的四個目標，即解脫(Mokṣa)、愛慾(Kāma)、財富(利，Artha)和道德(法，Dharma)，種姓制度的形成、特點和對立；印度教徒生活的四個階段：梵行期、居家期、林棲期、遁世期；最後還談到當代世界與非暴力的問題。

這部書反映出拉達克里希南具有淵博的知識，對古今印西，尤其是對古代東方和基督教更具有普遍深刻的了解。他不但比較了各種宗教、哲學的發展史，還具體比較了它們的教義、信仰、風俗、禮儀、崇拜的神明和各種宗教體驗的內容，從而用以說明世界是一個整體，不同地區的不同民族的思想和文化均構成全人類總體意識的一個部分，都有其自身的價值。通過比較他還將印度傳統思想以西方人能理解的概念介紹到西方，從而也使印度宗教、哲學在世界哲學史和宗教史中占有重要地位。

本世紀四十年代由於第二次世界大戰和印度國內民族解放運動的高漲，拉達克里希南被迫終止一年一度赴英講學的任務，同時將主要精力放在國內大學的教學和管理工作上，當時他正擔任貝拿勒斯印度教大學的副校長，整天為學校的財政和學生與軍警的政治衝突而奔波。到了四十年代後半期，他已成為著名的民族主義者，並與甘地和尼赫魯有着密切的合作關係。因此當 1947 年印度獨立後，在一段時間內他主要從事政治活動，相對來說已無暇顧及比較

哲學和比較宗教的研究。直到1952年才發表了另一部比較哲學的專著《哲學史：東方和西方》，接着於1955年又出版了他的最後一部東西方比較研究的專著，《東方和西方》。這裡我着重介紹後者。

《東方和西方》是基於1954年在加拿大蒙特利爾(Montreal)的麥吉爾大學(Megill University)為紀念該校已故校長愛德華・比提(Edward Beatty)所提供的一份講稿。比提自1920年至1943年去世前一直擔任該校校長職務，他在經濟極端困難時期發展了麥吉爾大學，為紀念他的業績，出版了一套「比提紀念叢書」。拉達克里希南的講稿即是這套叢書的第一部。1955年由英國倫敦喬治・艾倫和昂溫有限公司出版，1956年在美國紐約再版。

全書分三講，第一講是東方，內容包括印度文明、吠陀文化、佛教、瑣羅亞斯德教、伊斯蘭教、基督教、中國的道教和儒教。最後提出所有的宗教都能幫助我們獲得精神的啟示，因為不同的道路似乎都在我們面前分出枝杈，它們都導致不同的目標，但是彼此距離並不遠，在不久的將來將匯合在一起，形成一條單一的實在的通向完美之路。

第二講是西方，分兩部分，第一部分包括西方文化，主要是古希臘一羅馬的哲學，亞歷山大的遠征，基督教的興起，印度和波斯對基督教的影響。第二部分包括基督教的教義及其發展，伊斯蘭教的發展，十字軍的東征，經院哲學，文藝復興，宗教改革，現代技術和現代哲學。

第三講是東方和西方，內容包括西方對東方的影響，當前東方和西方所共同面對的問題，如共產主義和民主政治問題，技術進步和現代哲學與宗教的關係問題，技術發展與人的地位問題等。並且提出需要建立一種創造的宗教。

這部書可以說是他東西方比較哲學和比較宗教研究的總結，他在回顧東西方思想文化發展史的基礎上，進一步提出東方和西方不應是兩種歷史和地理的概念，而是人類兩種精神的趨向，是每個人在每個時代延伸自我的兩種可能性。現在當世界已經趨於一致，即將形成人類共同的社會時，人們彼此之間進行相互了解比起兩種文化互相衝突變得更重要。拉達克里希南正是為了消除東西方的偏見和衝突而獻出了自己畢生的精力。

此外，在比較哲學和比較宗教研究當中，他還著重研究了中國的文化，找出中國與印度文化相似之處，並詳細論述了印度文化對中國思想的影響。

例如在上述的《東方和西方》一書中，他就向西方人專門介紹了中國的道教和儒教。他說，「道」存在於一切他物之前，「道」是道路，是事物公平關係的法則。道教講陰陽，陰柔、陽剛，但柔能克剛。道教還提倡順乎自然，如果我們願意在寧靜與智慧中生活，就應使我們的行為符合「道」這種法則。而寧靜與智慧的秘密正是順乎自然。什麼是自然之道呢？他引用老子的《道德經》：「有物混成，先天地生，寂兮寥兮，獨立不改。周行而不殆，可以為天下母，吾不知其名，字之曰道。」（第25章）又云：「萬物作焉而不辭，生而不有，為而不恃。」（第2章）「生而不有，為而不恃，長而不宰，是謂元德。」（第10章）這說明自然中的一切事物都在默默無聞地工作，它們生而不有，各盡其責卻無所求，當它們到達鼎盛時便又回到起始，周而復始，構成永恆之法，我們明白了這種道理，便得到「道」的智慧。

拉達克里希南還進一步談到中國的道教和印度的佛教有共同之處，兩者都教導人們應具有同情心，都培育一種慈悲和善行的精

神。如佛教提倡「慈悲為懷」「普渡眾生」「一切有情皆為兄弟」。還針對印度不平等的種姓制度，提出「四種姓猶如一母生四子」。佛陀經常教育他的信徒「不欺騙人，不憎恨任何人，決不指望以瞋傷人。對眾生要有無限愛……，在站、坐、行、臥、直至睡眠時，他都將在這種普遍善意的修行中保持他的意念。」❾道教同樣有類似的教導，如老子說：「善者吾善之，不善者吾亦善之，德善。」（第49章）又說：「報怨以德。」（第63章）「我有三寶，持而保之，一曰慈，二曰儉，三曰不敢為天下先。慈故能勇，儉故能廣，不敢為天下先，故能成器長。……夫慈以戰則勝，以守則固，天將救之，以慈衛之。」（第67章）又說：「和大怨必有餘怨，安可以為善，是以聖人執左契而不責於人。有德司契，無德司徹，天道無親，常與善人。」（第79章）這些與人為善的教誨與佛教是一致的。

　　另外，道教所尊崇的《道德經》，其中對「道」的描述，往往使用否定詞彙，拉達克里希南指出，這一描述方法和印度「奧義書」對「梵」的描述是相同的。如《道德經》云：「道可道，非常道，名可名，非常名。無名天地之始，有名萬物之母。」（第1章）拉達克里希南解釋說，能夠被表白的「道」，則不是永恆之道，能夠被肯定的名字，便不是永恆不變的名字。「道」高於生死之上，主客之上，時空之上；「道」是自存的，它永恆，無限，統一，遍在。「名」只提供人類感官可感覺到的東西，而道在本質上是不可感知的，它存在於萬物起始之前，「道」是無，所以不可被描述，它具有「宇宙運動的自發性」。「梵」也是如此，所以《廣林奧義書》將梵稱為

---

❾　轉引自泰戈爾《人生的親證》（中譯本），頁61，1992年，商務印書館，北京。

不變滅者，它非粗、非細、非短、非長；非赤、非潤；無影、無暗；無風、無空、無著；無味、無臭、無口、無量、無內、無外；彼了無所食，亦無食彼者。❿

對於儒教，拉達克里希南評論說：「它是一種倫理體系，是一種超越宗教的社會律法。孔子曾把他的思想置於宗教基礎上，他的倫理觀同樣也基於『道』的概念。」⓫並提出，中國的哲學最初不大重視世界的主人，或者說不大重視被分割的自我如何得到拯救，而是更注重社會生活問題，譬如如何建立正確的政治、經濟和社會關係。對孔子的信徒來說，「人」不是單純的智者，在本質上「人」是社會的人。所以孔子在君臣、父子、夫妻、兄弟、朋友之間制定了五種道德規範。

拉達克里希南還指出，正因為儒、釋、道三家有互通、互融之處，所以在中國歷史上曾發生「三教合一」的現象。而且在中國的寺廟中也常常可見佛寺與道觀並存，孔子、老子、佛陀共祭的情況。

關於印度文化對中國思想的影響，拉達克里希南在《哲學史：東方和西方》一書中作了詳細論述。他說，中印之間的第一次接觸可追溯到西元前二世紀，當時印度的科學和天文學的觀點很可能已傳入中國，這大概是通過東土耳其斯坦遊牧民族的傳播。我們在西漢淮南王劉安等人所著的《淮南子》一書中已看出端倪。他們將宇宙分為九區，中心是山脈，圍繞的九個區構成了天上的世界，這種天文學的觀點起源於印度，後來又被佛教發展了。

---

❿　徐梵澄譯《五十奧義書》，頁589-590，1984年，中國社會科學出版社，北京。

⓫　《東方和西方》，頁37，1956年，紐約。

　　到了西元前一世紀末，佛教同樣由遊牧民族帶到了中國，由於佛教內容非常豐富，佛教哲理又極為深刻，所以引起中國人的關注，當時牟子便寫了《理惑論》，共37章，他對佛教原理作了廣泛的論述，並和孔子、老子的言教相比較，對當時社會對佛教的非議一一作了反駁，這是中國最早有關佛學的專著，後收入南朝梁僧祐所編的《弘明集》。

　　此後印度僧人通過西域陸續來到中國，他們帶來了佛教文獻，梵文文學，印度的音樂、舞蹈、繪畫、雕塑及各種哲學、科學和藝術成就。在這本著作中，拉達克里希南提到了僧肇(385-414)，他是著名的鳩摩羅什的信徒。而鳩摩羅什卻誕生在東土耳其斯坦，在克什米爾受的教育。他是難得的人才，西元401年來到中國，他將大量的佛經譯成中文，並精通龍樹的哲學，是他第一個把龍樹思想引入中國。他注意到龍樹體系和老子哲學有其共性，所以他不反對用道教語言來表達龍樹哲學，甚至他還相信道家哲學有可能來自佛教的觀點，這種想法可能反映在他寫的《道德經注》（已佚）中。

　　僧肇著有《肇論》，在這部書中，他對永恆（常、不變）、易變（無常）、實體、最高知識等概念都作了詳細的解釋。例如關於永恆（不變）與易變的問題，僧肇說，大多數人都認為過去的東西不至今，故說無常（易變），但是我卻認為這是常（不變），因為今中有古。其實常與無常是相對一致的⑫。拉達克里希南解釋說，僧肇

---

⑫　《肇論》此段原文為：「是以人之所謂住，我則言其去；人之所謂去，我則言其住。然則去住雖殊，其致一也。故經云：正言似反，誰當信者？斯言有由矣！何者？人則求古於今，謂其不住；吾則求今於古，知其不去。今若至古，古應有今；古若至今，今應有古。今而無古，以知不來；古而無今，以知不去。若古不至今，今亦不至古，事各性

的觀點正像《彌蘭陀王問經》中所舉的燭火的例子，燭火每時每刻都在燃燒（變化）， 今天的燭火不是昨天的燭火，昨天的燭火不至今（無常）。 但是今天的燭火又來自昨天，燭火不斷在延續（常、永住）。因此常與無常是相對一致的。

又如僧肇對實體的解釋，他認為有與無是相對的，有非真有，無非虛無。有非真有是因為待緣而有，自身是無，無非虛無是因為待緣而起，起則非無❸。拉達克里希南認為這種解釋是基於佛教的緣起論和龍樹的「二諦」（真諦、俗諦）說。

但是僧肇所採取的絕對與相對的論證方法並不都是來自龍樹，拉達克里希南認為他也採用了道教的方法，因為道教對永恆與易變，有為與無為的解釋也是相對的，所以他說，中國人把僧肇尊為哲學家遠甚於把他尊為佛學家。

拉達克里希南接着又談到與僧肇同一時代的慧遠(334-416)，說慧遠雖非鳩摩羅什的信徒，但與鳩摩羅什也有聯繫，並和僧肇一樣通曉儒、道經典。他在廬山建立了新的佛教派別淨土宗，強調禪慧雙修，尊崇阿彌陀佛。接著又介紹了道生(?-434)，說他是慧遠和鳩摩羅什的信徒，曾發展了禪學，對中國人後來的生活和思想影響很大。道生還在兩個方面發展了佛學，即「善不受報」和「頓悟成佛」。拉達克里希南認為這是中國人的思想方法，是中國人對外來宗教的

住於一世，有何物而可去來?」（錄自徐梵澄譯注《肇論》，頁15-17，1985年，中國社會科學出版社，北京。）

❸　《肇論》此段原文為：「……夫有若真有，有自常有，豈待緣而後有哉?譬彼真無，無自常無，豈待緣而後無也? 若有不能自有，待緣而後有者，故知有非真有。有非真有，雖有，不可謂之有矣。不無者，夫無則湛然不動，可謂之無，萬物若無，則不應起，起則非無，以明緣起，故不無也。」（同上，頁35）

改造。

　　禪宗雖然是中國的佛教宗派,但是同樣要追溯到印度的源頭,
那就是眾所周知的菩提達摩(Bodhidharm),他在六世紀初來到中國,
在中國的時間為 486-536 年（該時間與中國記載有出入,中國一說
西元520或527年到廣州,528年圓寂）。拉達克里希南提出,菩提達
摩在中國的訓戒標誌着一種新的內容,他把禪的實踐作為獲得佛果
的宗教手段,他的哲學只是龍樹體系一種新的說明。他認為每個人
都具有佛性,真正成佛的手段便是覺悟這種自身的佛性。菩提達摩
不相信對經典的研究,只相信宗教的實踐,即沉思佛性。他的注意
力完全放在真我上。這種理論,拉達克里希南說,有人發現它具有
印度吠檀多哲學的思想,因為「梵」與「我」同一和人人具有佛性
是類似的觀點。

　　其後拉達克里希南還介紹了智顗與天台宗的思想;戒賢與玄奘
的關係;宋明理學的奠基者和代表人物,如周敦頤(1017-1073)、邵
雍(1011-1077)、程顥(1032-1085)、程頤(1033-1107)和朱熹(1130-
1200)的哲學思想。

　　拉達克里希南最後總結說:

　　　　在中國文明的發展中,印度具有很大的貢獻,中國宗教的信
　　　仰形式,佛教的輪迴論、因果觀、報應論都被引入了中國。
　　　儘管孔子的倫理學包括實際的生命觀,並深深地植根於中國
　　　人的思想中,不能被消除。但是佛教哲學,尤其是「諸法無
　　　常」的觀念已深深地影響了中國的詩人和藝術家,影響了它
　　　的美學觀,這從唐代詩人的作品中可以看出,他們對大自然
　　　懷有極深的感情,並認為自己和大自然不可分割地聯繫在一

起；他們還有一種意識，覺得任何東西其本性都是短暫的，因此感到悲觀、消沉。藝術家們則在鳥兒的歌唱中，樹葉的綠色中，在大自然中找到了最高實在的標誌。總之，佛教給中國帶來了極深的宗教感情和深奧的信仰，這些我們在中國偉大的藝術作品中，如在雲崗、龍門、敦煌和其他地方所見到的，都賦予了靈感。⓮

（三）比較研究的立場和方法

張君勱先生在〈印度哲學家羅達克立希納學案〉一文中，曾把羅達克立希納（即拉達克里希南）的比較哲學研究立場評論為調和派，說他

念念不忘舊日遺產，同時吸收西方新知以增益之，此其所以為調和派也，此其所以為印度教之革新派也。⓯

張先生所以做出這種結論，是根據拉達克里希南對保守派和激進派的折衷調和之言論；他引證了下面一段話來說明：

保守派追懷舊文化之光榮，不滿於現代之無神論。激進派視古代遺產為腐朽不堪，不如西方之自然主義的理性主義遠甚。此兩派之言雖各有其理由，然吾人以治印度思想史眼光觀之，

⓮　《哲學史：東方和西方》，頁588，版本同前。

⓯　張君勱著：《中西印哲學文集》，頁1313，臺灣學生書局，1981年。

則二者皆非也。彼排斥印度文化者，實不知其為何物，即其歌頌之者，其為無知等也。保守派與激進派誠為存古計，誠為促進新希望計，當求兩方相互之了解而已。處此飛機汽船鐵路電報合世界為一體之日，吾人何能閉關自守，不問世事乎？語曰死水生蟲，惟有活水之通於其水源者，常在更新之中，吾人即令吸收他族文化，此不得謂為錯誤，但關於採自國外之元素，應澄清之，提煉之，且融化之於吾所固有之至善者之中，……甘地也，泰戈爾也，拔格文達斯也，彼等固已示吾人以如何鎔鑄外來原素於吾民族的洪鑪中之正當途徑矣。依彼等之所為，先自浸潤於印度過去之人文的惟心主義之本源，同時採取西方思想之長而融化之而已。**⑯**

的確，拉達克里希南的比較哲學之研究立場，總的來看他是立足於印度傳統哲學思想上，尤其是立足於吠檀多不二論的精神哲學上，他追求個我與「梵」的最終結合，希望建立一種永恆的、至善的、統一的精神宗教。並且認為這種宗教精神唯東方、唯印度最佳。因此，他的哲學觀首先是傳統哲學的繼承者。但是，正像他自己所說，由於印度傳統思想不斷受到歐洲老師的否定和批評，所以他不得不從青年時代起便認真讀書，反覆思索，找出在印度思想中「哪些是活的，哪些是死的」。從這種觀點看，我們可以肯定，拉達克里希南並不是盲目的繼承者。事實也說明，他曾不止一次地批評印度教中的迷信、保守、輕視婦女、種姓對立和各種各樣的惡習。

對於西方思想，他稱讚近代的技術進步，科學發明，基督教的

---

⑯ 同上，頁1312-1313。（張君勱原引文未注明出處，經查為《印度哲學史》第二卷結論部分，頁779-780，1992年，德里第五版。）

仁慈精神和哲學的理性主義，道德的人道主義。也讚揚古希臘的文明和文藝復興的偉大成果。並且對基督教神秘主義的精神體驗和柏格森的直覺主義更為欣賞。但是對此他也並非一概接受和吸收，而是「澄清之，提煉之」。與印度思想精華相契合的，便加以吸收融合，比印度思想高出一籌的，便取之先進補之不足。總之，是對傳統思想的繼承和發展者，這或許比「調和派」的結論更恰當些。

關於比較研究的方法，可歸納為四種：

一、分別介紹，在大多數的比較研究的專著中，拉達克里希南總是在開篇幾章中分別介紹東西方的各種哲學和宗教的思想，給讀者或學生傳授較系統的哲學宗教知識。由於大部分著作都是在國外的講稿，所面向的是西方學生，所以在介紹東方思想時，他採用了西方化的概念，即東方概念的西方化。如佛教的輪迴(saṁsāra)，他解釋為再生 (rebirth)，真如 (tathatā) 解釋為永恆實在 (immutable reality)；我國道教的無為，解釋為非存在 (non-existence)，有為，解釋為存在(existence)；印度教的業(karma)，解釋為法的規定(rule of law)，法(dharma)，解釋為正確的道路(ways of righteousness)。採取這種西方化的說明方法，便於西方人了解東方思想。

二、尋根探源，拉達克里希南的比較哲學和比較宗教研究專著，絕大部分都是從「史」的角度進行比較，從中找出東西方相互溝通的線索，或者是平行發展的原因。例如在人類早期歷史時期，當交通不便，人們之間交往極少的情況下，拉達克里希南比較了印度的《梨俱吠陀》，希臘的奧林匹亞宗教和伊朗的諸神。他指出在這三個地區可以發現其語言、神話、宗教傳統和社會組織有相同之處。天父神，地母神，宇宙大神，黎明女神，這些對希臘和印度來說是共同的，他們最早都認為這些神是自然界運轉的原因和力量。儘管

眾神都具有某些人的屬性，但是人們並不清楚已經人格化了。拉達克里希南還指出，希臘的奧林匹亞宗教和印度的吠陀信仰也有共同的背景，這在荷馬史詩和吠陀文獻的描述中，可明顯看出社會生活的相似之處，兩者都是部落酋長制，他們在早期可能有過接觸。

　　後來，當人們相互來往便利時，東西方的共性則是相互影響產生的，如亞歷山大的遠征，便溝通了希臘和印度的文化。著名的佛教典籍《彌蘭陀王問經》， 就是居住在印度的希臘國王彌蘭陀與印度佛教高僧的對話集，以問答方式，國王向高僧探討了佛教的基本教義和學說；又如伊斯蘭教向西方的擴張，同樣把東方文化帶入西方；十字軍的東征，又把西方文化傳到東方。因此通過哲學史和宗教史的比較研究，尋根探源，找出東西交流的線索，這是拉達克里希南的比較方法之一，但是這種方法的運用，要求必須具備淵博的東西方哲學宗教史、人類學、考古學和語言學的知識。

　　三、求同存異，東方和西方無論就文化背景和文化本身來說都是不同的，正如拉達克里希南所說，古希臘是城邦國家，城市文化；印度卻是森林文化。西方是分析哲學，理性盛於情感；東方具有整體觀念，感情有時多於理性。西方富於冒險精神，具有科學進取心；東方善於內省，往往顯得平和、保守、缺乏激情。但是拉達克里希南仍然堅信，人類精神是統一整體，任何地理、歷史、語言和人為的障礙，都不能將東西方截然分開。它們早期有接觸，後來有交往，現在和今後，由於科學、技術、交通、信息的飛速發展，更無法控制其交流，所以在異中求同是必然發展的趨向。事實上，東西方之間的共性，也是有目共睹的。

　　拉達克里希南舉出基督教的神秘主義，伊斯蘭教的蘇非派，印度教的聖書，都曾記載過各自的聖者對「神」的切身體驗，儘管神

的名稱不同，但是體驗的內容是相似的；基督教提倡博愛，佛教提倡慈悲，伊斯蘭教主張平等，這也是宗教行善的共同本性；至於哲學上所談的理性和直覺，感性認識和邏輯推理，更為東西方所共有。做為人類的共同子孫，我們就應該求同存異，取其精華，棄其糟粕，進一步繼承和發展我們共同的人類文化。

　　四、面向未來，拉達克里希南從事比較哲學和比較宗教研究的最終目的，並不是站在東方人的立場上，強調東方文明優越於西方文明，更不是為比較而比較。他是試圖在東西方之間，求得共同一致的基礎上，建立一種和平與合作的關係，共同解決人類所面臨的問題，如世界和平問題，民主政治問題，物質文明與精神文明的關係問題等。並且希望在可能的條件下建立一種統一的「精神宗教」，

　　　　這種宗教是各種不同宗教的頂峰，在精神生命中致力於人性的完善，那就是上帝在自我靈魂中的生命。❼

也就是說，精神宗教的本質，是依照宗教的訓戒來改變人類自身的本性，以顯示出他們原有的神性。為此，拉達克里希南比較研究的結論，總是面向未來，站在全人類共同利益的高度上，來提出問題並賦予人們解決問題的辦法和希望。

---

❼　《拉達克里希南的哲學》，頁78。

第七章　印度正統的倫理觀

　　拉達克里希南在《印度哲學》、《印度宗教》、《印度教徒的人生觀》、《理想主義的人生觀》、《宗教和社會》、《東方宗教和西方思想》等一系列著作中都詳細闡明了印度教的倫理觀。他向西方人介紹了印度教關於「法」的觀念；印度教徒一生的四個階段；人生的四個目的；種姓制度；以及有關的各種道德概念，並回答了西方人對印度教道德觀的懷疑和否定。為此，一些西方學者對拉達克里希南的倫理觀作出不少評論。例如查爾斯・摩爾(C. A. Moore)說：「拉達克里希南所維護的道德學說和道德實踐的原則基本上是和印度教的傳統相一致的，只是在細節上有些變化。」❶並進一步強調說：「拉達克里希南全部的倫理學即是印度教全部的倫理學。」 ❷又如喬德(C. E. M. Joad)說：「拉達克里希南顯然是繼承了偉大的傳統。」 ❸印度學者薩爾瑪 (D. S. Sarma) 也說：「他是追隨前人足跡的真正典範。」 ❹對這一類評論，拉達克里希南本人是同意的，但是他對傳統

---

❶　C. A. 摩爾：〈拉達克里希南的玄學和倫理學〉，載《拉達克里希南的哲學》，頁285。

❷　同上，頁287。

❸　同上，頁283。

❹　同上，頁283。

的看法，別有新義，他認為傳統不是僵死不變的，

> 它是通過追隨者們的自由行動永遠被重新設計和再創造的某
> 種事物。總是在建設的事物，便是永恆的建築物。如果某些
> 傳統不發展了，這就意味着它的追隨者們的精神已經死亡
> 了。❺

他還以印度教的發展史為例，說明傳統是在不斷更新的。他說：「貫
串於印度教歷史中的那些思想和實踐的領袖們就曾不停地忙於用新
的方法和實驗，發展新觀念，以適應新的環境和條件。」❻例如，當
吠陀時代的雅利安人和土著部落接觸時，便是第一次推動了這種進
程；當雅利安人由印度河流域遷徙到恆河流域時，對佛教和耆那教
的新教運動同樣起到了推動作用；後來羅摩難陀❼、迦比爾❽和那
納克❾的改革運動又說明了伊斯蘭教對印度教的促進作用；近代的

---

❺　《印度教徒的人生觀》，頁21。

❻　同上，頁22。

❼　羅摩難陀(Rāmānanda，約西元1360-1450)，印度教虔誠派領袖，哲學
　　家。生平不詳。

❽　迦比爾(Kabir，約西元1440-1518)，印度教虔誠派領袖，思想家，民間
　　詩人。曾追隨羅摩難陀學習印度教經典和瑜伽。主張一神論，宣稱宇
　　宙的最高實在、萬物之主是梵（羅摩）或真主。反對偶像崇拜，反對
　　苦行和繁瑣的祭祀，主張種姓平等。相信業報輪迴和靈魂轉世，以詩
　　歌形式宣傳教義，後編輯成《迦比爾詩集》。

❾　那納克(Nānak，西元1469-1539)，印度錫克教創始人，生於旁遮普邦
　　塔爾萬提村（今那納克村），屬剎帝利種姓。為調和印度教與伊斯蘭教
　　的矛盾創立錫克教。主張一神論，神是唯一的，他既是印度教徒崇拜
　　的羅摩，也是伊斯蘭教徒崇拜的安拉。反對種姓歧視，主張在神面前

梵社❿和雅利安社⓫又是接觸西方影響的結果。在這整個的變化過程中，儘管有各種各樣來自外部的影響，但是印度教本身並沒有削弱，它的基本觀念仍然持續了四、五千年，只是在觀點上有爭論、有流動。這說明它的洞察力在穩固地增長。印度教基本觀念之所以沒有改變是因為它們同樣建立在吠檀多哲學的背景上。「奧義書」、《梵經》和《薄伽梵歌》是其三大理論支柱。至於傳統的倫理觀，同樣也離不開印度教的歷史和經典。拉達克里希南的觀點正是繼承了印度教正統的道德觀念。

（一）印度教傳統的道德觀

在闡述這個問題之前，先要明確兩個概念：一、何謂「倫理道德」；二、傳統與正統的關係。

在中國，「倫」「理」二字早在兩千多年前儒家的經典《尚書》、《詩經》、《易經》中就已分別出現。「倫」有類、輩分、順序、秩序等涵義，可引申為不同輩分之間應有的關係。「理」則具有分別、條理、道理、治理的涵義。「倫理」二字合用，最早見於《禮記》，「凡音者，生於人心者也；樂者，通倫理者也。」⓬後來人們

人人平等。反對歧視婦女，否定吠陀權威和祭司制度。強調導師作用，相信業報輪迴。

❿　梵社(Brahmo-Samaj)，印度教社團之一，1928年由羅姆・摩罕・羅易創建。奉梵天為唯一真神。主張改革印度教，反對偶像崇拜、寡婦殉葬、童婚和多妻制。該社後來曾經多次分裂。

⓫　雅利安社(Ārya-Samaj)，亦稱「聖社」，印度教社團之一。1875年由達耶難陀・婆羅室伐底創建。主張改革印度教，反對一切社會陋習，重視社會福利和教育工作，提倡男女平等。

廣泛使用「倫理」一詞，概指人與人之間的道德原則和行為規範。
因此倫理道德常在一起使用。

　　但是由於中國古代哲人始終將自然觀、認識論、人生觀和道德
觀融為一體，所以從未形成獨立的倫理學學科，只是到了十九世紀
才廣泛使用「倫理學」這一名詞。它作為哲學的一個分支，其研究
的主要對象為道德，故亦稱道德哲學或道德科學。所以倫理觀和道
德觀可以通用，也可視為 "Ethics" 一詞的意譯。

　　在印度，使用「倫理學」一詞也同樣是近代由西方傳入的。印
度的道德規範，在印度教稱為「法」(Dharma)，但是印度教的「法」
的涵義與佛教「法」的涵義並不相同。佛教的「法」指一切事物和
現象的總和，或指佛的教法。印度教的「法」則是本章論述的主題。

　　關於傳統和正統的問題，傳統包括範圍較廣，凡是世代相傳，
具有特色的風俗、習慣、思想、作風、藝術、制度等社會因素均可
視為傳統，或稱為傳統文化。在印度，作為傳統的東西可以是印度
教文化，也可以是非印度教文化。但是在哲學史上人們有一種通常
的分法，即將印度哲學分為正統和非正統兩大派。正統派即指印度
教的六派哲學，包括數論派、勝論派、正理派、瑜伽派、彌曼差派
和吠檀多派；非正統派則包括佛教、耆那教和順世派。嚴格來講非
正統派也是印度傳統文化的組成部分。

　　但是印度教的傳統為什麼成為正統思想呢？主要由於三種原
因：1.教徒數量龐大；2.教史悠久；3.得到統治者的支持。

　　印度教徒總數，據1981年全國人口普查報告，共有 54,978 萬，
占全國總人口的 82.6%。如果按此比例推算，目前全國教徒總數約

⑫　《禮記正義》，卷三十七。《十三經注疏》，頁1528，1980年，中華書
　　局，北京。

有68,000萬，在印度社會占絕對優勢。

　　印度教的歷史源遠流長，它的最早起源可追溯到西元前1500年的吠陀教，西元前七世紀吠陀教逐漸演變為婆羅門教。婆羅門教又於西元四世紀進一步吸收佛教、耆那教和民間信仰的特徵，逐漸向新婆羅門教演化，直到西元八世紀，經商羯羅的改革，才最終形成印度教。所以印度教的歷史已長達3500年，它的教義、法典、聖書和思想行為規範不但完整而且深入人心，成為人們社會生活不可缺少的內容。

　　最後則是印度歷代統治者的支持。從歷史上看，儘管有佛教和伊斯蘭教的鼎盛時期，有佛教的護法王和信伊斯蘭教的統治者。但是佛教在印度大約於西元六、七世紀已經開始衰微，十二世紀時已經完全消亡。伊斯蘭教則是外來宗教，西元十二世紀之後才大量傳入印度，所以在印度本土統治時間最長的還是信奉印度教的統治者。

　　所以說，印度社會基本上是印度教的社會，印度教的文化傳統也被視為印度的正統思想，它基本上承襲了吠陀、奧義書、《薄伽梵歌》和各種法經、法論的哲學思想和道德軌範。

　　以下僅就印度教的道德觀作出歷史的概述：

　　早在西元前1500年的吠陀時期，居住在印度河流域的雅利安人，便有了善、惡、愛、憎的觀念，這從他們所崇拜的神明身上可反映出來。當時人們奉行多神崇拜，凡日月星辰、雷雨閃電、山河草木、蛇鳥猴牛、祖先英雄，一切自然力量和人間現象均被幻化為神，並進行繁瑣的祭祀。其中就包括愛神、惡神、財神等。如愛神名伽摩(Kāma)，是天女和仙女之主，她手持弓箭、弓背由甘蔗製成，弓弦為蜜蜂，箭鏃為花朵，坐騎是鸚鵡或孔雀，曾引誘濕婆去愛雪山神女，故有時被看做是誘惑者。又如財神名俱毗羅(Kubera)，是

世上一切財富的守護者，住在吉羅娑(Kailāsa)山上，有三條腿，八顆牙，一隻眼。後被佛教吸收成為護法四天王之一（北方毗沙門天王），即「多聞天」。愛與財是人生不可缺少的內容，但是愛和慾關聯，財和貪相近，所以初民們對愛神和財神既有歌頌也有斥責。正如對善惡的看法一樣，他們從不把善惡絕對化，而是將兩種相反的特性集中於一神身上。如樓陀羅(Rudra)原意為「暴惡」，但在《吠陀本集》中，說他有善惡雙重性格，當他發怒時便用霹靂之矢，傷害人畜，摧毀草木；當他高興時便用一千種草藥為人畜治病，故又受到崇敬。這說明早期的道德觀，仍處於樸素和渾沌的階段。

到西元前十世紀，雅利安部落從印度河流域逐漸向恆河、朱木拿河發展，此時農業和手工業生產也逐步擴大，部族之間的商品交換和社會聯繫漸漸衝破了單一的血緣關係。至西元前七世紀北印度已建立起十多個以農村公社為主體的城市國家。吠陀教為了適應新的形勢也開始革新為婆羅門教。

婆羅門教的道德觀集中反映在笈多王朝統治時期所編纂的各種法經和法論中，最著名的《摩奴法論》、《祭言法論》、《那羅陀法論》均在此時問世。它們進一步完善和鞏固了種姓制度，確定了教徒終生的法規。

按照法論的規範，婆羅門教徒一生有四個行期，每一時期，每個種姓該做什麼都有一定的法規，並確定了死後輪迴業報的模式、靈魂轉世的去向。其中也說明了人生的四種目的和種姓制度形成的神話。拉達克里希南對此都作了說明和解釋。

婆羅門教徒的四行期包括：1.梵行期(Brahma Cārin)，亦稱學生期，凡兒童到一定年齡，便辭別父母從師學習吠陀經典、祭祀規定和奧義書的哲理。但只限定再生族的三個種姓（婆羅門、剎帝利、

吠舍)。低種姓的兒童嚴禁學習聖典。在梵行期，《摩奴法論》共為師生規定出 142 條法規。其中對梵行者的戒行作出如下規定，包括日常的法事、禁忌、義務、尊師和孝敬父母。如日常法事：

> 每天，他應該沐浴得清淨，供養天神、仙人和祖先；還應該拜天神和添木柴。❸（二·176）

又如各種禁忌：

> 他應該忌蜂蜜、肉食、香料、花環、調味汁、女子、各種發酵的東西、殺生。(二、177)
>
> 身上抹油、眼瞼塗青胭、穿鞋、打傘、愛慾、發怒、貪、跳舞、唱歌和奏樂器。(二、178)
>
> 賭博、吵架、讒謗、說謊、注視或者觸摸女子、還有傷害他人。(二、179)

關於尊師：

> 在師父面前，他應該總是吃、穿、裝飾得比師父少而差；他應該比師父先起身，後止息。(二、194)
>
> 師父坐着，他應該站着；師父站着，他應該向他走去；師父走着，他應該迎上去；師父在跑，他應該跟着跑。(二、196)
>
> 無論是否奉師父之命，他都應該始終用功誦讀，努力做有益於師父的事情。(二、191)

---

❸ 添木柴意指每天朝夕二時用柴供火祭。

等等。

2.家住期(Gṛhasthu)，當婆羅門教徒完成學業後，從事世俗生活的時期。此時要求盡到家長的義務和社會的職責，包括結婚、養育子女、以各種手段謀生。但是不同的種姓，謀生的手段也各有規定。《摩奴法論》為家住期規定出 709 條法規。其中包括擇偶的條件、結婚的八種方式、婚期內的規則、在家應盡的祭祀義務、祭祖法、沐浴法、淨食法、謀生法等。還特別規定出婦女的地位、義務和節操。如家居期的生計有如下規定：

> 婆羅門在無難時應該找一個無害於或者幾乎無害於眾生的生計度日子。(四·2)
> 他應該只為能夠生存而以不受非難的本業來積蓄錢財，而且不使身體受累。(四、3)
> 他應該靠「真」、靠「不死」、靠「死」、靠「超死」或者甚至靠「真與偽」生活，而決不可靠「狗的生計」。(四、4)
> 落穗遺穀應該被視為「真」，不討而得的東西為「不死」，討來的東西為「死」，耕作相傳為「超死」。(四、5)
> 做買賣為「真與偽」，他甚至也可以靠它生活；侍候人被稱為『狗的生計』，因此他應該忌諱它。(四、6)
> ……
> 他絕不可為了生存而過世俗生活；他必須過正直、忠實和清淨的婆羅門生活。(四、11)

以上是婆羅門的謀生原則，至於各種姓的謀生手段則另有規定。

純婆羅門血統的一心致力於本業的婆羅門應該依次正確地從事六業。（十‧74）

教授吠陀、學習吠陀、祭祀、為他人祭祀、布施和接受布施是婆羅門的六業。（十、75）

其他三種姓的業為：

他把保護眾生、布施、學習吠陀和不執著於慾境派給剎帝利。（一、89）

他把畜牧、布施、祭祀、學習吠陀、經商、放債和務農派給吠舍。（一、90）

那位主（指梵天）給首陀羅只派一種業：心甘情願地侍候上述諸種姓。（一、91）

在家住期個人的行為和社會的職責緊密相連，所以拉達克里希南說：「法有兩個方面，個人的和社會的，兩者互相依存。」●

3.林棲期(Vanaprastha)，當婆羅門教徒按規定住滿居家期後，斷然離家隱居山林，從事苦行，修煉身心，為獲得靈魂解脫做好準備。在林棲期，《摩奴法論》規定出32條法規。如：

他應該用各種清淨的修道人之食或者用野菜、根和果，繼續依規則進行那些大祭。（六‧5）

他應該穿獸皮或者破衣；他應該在朝與夕沐浴；他應該始終蓄髮辮、鬍鬚、毛和指甲。（六、6）

_____

● 《印度宗教》，頁64，1988年，德里英文版。

他應該始終精勤誦吠陀，逆來順受，慈悲為懷，意念清淨，永遠布施，不接受布施，憐憫眾生。(六，8)

4.遁世期(Samnyāsin)，要求拋棄一切世俗生活，置生死於度外，專心從事苦行和修煉，以苦行洗滌罪過，以修煉冥想證悟「梵我同一」之理，嚴守五戒（不殺生、不妄語、不盜、忍耐、離慾），最後通過精神體驗，使靈魂擺脫輪迴，獲得永生。在此階段《摩奴法論》規定了69條法規。如說：

破缽、樹根、破衣、獨身和對一切無動於衷，這些是解脫者的特徵。(六、44)

通過調伏諸根，通過斷除愛與恨，通過不傷害眾生，他就能夠不死。**⑮**(六、60)

他應該靜觀人們的得自行為的過失的諸歸趣、下地獄、閻羅殿內的諸苦難：(六、61)

與親者別離、與仇人相遇、被衰老征服和受疾病折磨；(六、62)

還有自己靈魂的脫離此身、托胎轉生和在千億種類中間的輪迴。(六、63)

還有眾生的因罪過而經受痛苦、求功德而永享安樂。(六、64)

他還應該通過瑜伽親證最高我的細不可見性，以及它在種種身體內出現的可能性。(六、65)

總之，「這四個生活時期的再生人應該始終努力奉行具有十相

---

⑮ 即解脫。

的法。」「堅定、容忍、克制、不偷盜、清淨、諸根調伏、智慧、知
識、信實和不怒為十法相。」(六、91-92)這十法相正是婆羅門教徒
的道德準則❶。

　　婆羅門教還提出人生有四種目的，即法(Dharma)、利(Artha)、
慾(Kāma)和解脫(Mokṣa)。

　　「法」有多種涵義，在《梨俱吠陀》中，字形是 dharman，意
為「支持」、「事物固定的秩序」、「法規」、「法律」、「習俗」、「規定
的行為」、「責任」、「權利」、「正義」等。「法」還代表「美德」、「道
德」、「宗教」、「宗教價值」、「善行」等。它具有政治法律和宗教倫
理兩方面的涵義。在《摩奴法論》中，宗教倫理的說教約占四分之
三，純粹講法律的教條約占四分之一。所以說「法」既是個人的行
為規範也是社會秩序的準則。印度教和印度社會維繫的基礎要歸功
於「法」。

　　「利」在最早的《梨俱吠陀》中，有「一半」、「一部分」、「分
享」、「均等」的涵義。後來和「法」、「慾」相連，稱為三種有益的
事物，或人類的幸福。「利」一般指利益、財富、財產和金錢。在
《摩奴法論》中，主要指各種姓應遵行的正確謀生手段。此外，在
孔雀王朝時代，開國宰相憍提利耶(Kautilya)專門著有《利論》一書，
共15篇，150章。內容主要講治國安邦的統治術，但也涉及財源、
財產的分配和繼承等法律方面的問題。

　　「慾」有希望、慾望、渴望的涵義。一般是指愛慾，尤其是性
慾之愛。婆羅門教主張在家住期可以娶妻生子，延續種族。同時也
有祭祖的法規，只有接受男性子孫的祭祀，祖先才可升天。所以人

---

❶　以上引用的《摩奴法論》各頌原文，均根據蔣忠新譯自梵文的《摩奴
　　法論》中文本，1986年，中國社會科學出版社，北京。

生的職責之一是滿足性慾，傳宗接代。印度古代有《慾經》著作問世，對男女之間的婚姻、房事做出種種規定。

「解脫」是人生的最終目的，它意味着精神的自由。各種宗教在不同發展時期，對解脫的內涵和途徑均有不同的解釋。婆羅門教也如此。一般來說，解脫的最終涵義是親證「梵我同一」的本質。即個人的靈魂在本質上和宇宙靈魂「梵」同一不二，使「小我」完全上升為「大我」。 其解脫的途徑，一般是通過誦讀吠陀、祭祀天神、苦行修煉和瑜伽體驗。至於道德規範和宗教體驗的關係，拉達克里希南有獨到的見解，將在下文談到。

以上四種目的，婆羅門教認為是人生的四大要素，四個組成部分，也是人生所追求的四種目標。正確的行為就是按照自己不同的種姓，依照四個宗教行期來執行「法典」或「法論」所規定的思想、言語和行為的準則。

婆羅門教的人倫關係，最主要的是種姓關係，其次才是父子、師生、夫妻和兄弟各方面的關係。

種姓制度由來已久而且歷史複雜。在《梨俱吠陀》中，最早的梵文詞彙 Varṇa（瓦爾那）有顏色、膚色、色澤的涵義。當時由人的膚色區分出雅利安(Āryas)和達薩(Dāsas)。雅利安是征服者的部族，面色白淨；達薩是被征服者的土著部族，膚色黑，成為奴隸。後來，Varṇa又引申為種姓(Caste)，意味着人們的等級、社會秩序。在《摩奴法論》中，已被固定為四種等級關係，即婆羅門、剎帝利、吠舍和首陀羅。婆羅門祭司們，為了鞏固自身的最高統治地位，編造出四個種姓產生的神話：說從梵天口中生出婆羅門，從兩臂生出剎帝利，從兩腿生出吠舍，從兩足生出首陀羅。並提出婆羅門最優秀，最尊貴，最仁慈。在四個種姓中，前三種為再生族，他們通過

誦讀吠陀，祭祀天神，靈魂可以獲得新生。首陀羅為一生族，靈魂永遠不能獲得解脫。

此外婆羅門教還主張「輪迴業報」，認為人依身、口、意三方面，生前行善者，死後獲善報，生前行惡者，死後獲惡果。輪迴的方式為三道四生，三道是天道、祖道、獸道，四生是胎生、卵生、濕生、種生。

對於善與惡也提出固定的標準：惡行為包括思想、言語和身體三方面：覬覦他人財產，心裡謀劃損害他人利益，執著於謬見邪說是思想惡行；謾罵、說謊、誹謗一切人和閑扯是言語惡行；非施而取，非法殺生，與他人之妻通姦是身體惡行。善行為則是對以上種種行為的抑制。

到了西元八世紀，印度教改革家商羯羅出世，他將婆羅門教改革為印度教。但是印度教的倫理思想、道德觀念基本上仍然繼承了婆羅門教的內容。只是由於在長期發展的過程中，地理環境的隔離、對主神崇拜的不同、師承關係有異、所崇經典的側重和對教義理解的分歧，以及修行生活的差別等原因，印度教逐漸分裂為三大教派和許多小支派。即毘濕奴派、濕婆派和性力派。毗濕奴派中又分為黑天派、扎格納特派和羅摩派；濕婆派中又分為三相神濕婆派、林伽派和濕婆悉檀多派。性力派中又分為左道性力和右道性力兩個支派。由於派別不同，道德思想和法規也有差異。

總的來說，印度教的道德觀與婆羅門教的道德觀相比存在極為矛盾的兩種觀念，即苦行和縱慾。

婆羅門教提倡苦行，要求教徒在人生的最後兩個階段，實行林棲和遁世。托缽、破衣、苦修戒行是最高尚的道德生活，視之為解脫者的美德，受到人們的普遍尊敬。但是與此相反，印度教的性力

派卻主張縱慾、肉食、輪座，追求現世解脫。如左道性力派採取秘密儀式，有四種禮儀：即犧牲、輪座、瑜伽和咒術。通常是用五M作為對神的奉獻。它們是酒(Mudya)、肉(Mamsa)、魚(Matsya)、穀物(亦作印契，Mudra)、性交(Maithuna)，均以M字母開頭。該派不相信業報輪迴，主張種姓平等。這些教義和實踐顯然和婆羅門教的種姓制度與苦行實踐相違。

此外，印度教的種姓制度也與婆羅門教時期有所不同。在中世紀虔誠派運動時期，基本上提倡種姓平等，宣傳在神面前只要虔誠崇拜，人人都可以獲得解脫。到了近代種姓制度的内涵也發生了很大變化，主要表現在兩方面：一是種姓數目已經不局限於原有的四種，而是逐漸擴大並產生了許多亞種姓，據1901年統計已有四十五大類幾百個等級。本世紀七十年代已達到四千個亞種姓；二是各個種姓的職業原有的法規也有了改變，如婆羅門種姓不再視為神的代言人，他們中除少數人擔任祭司外，大部分從事文教和其他職業，有的已淪落為窮人。相反，首陀羅種姓中也有人擔任了國家和政府的要職或從事文教科技事業。總的來說，在政治經濟發達地區，種姓之間的隔離逐漸縮小，相互通婚和交往已成為普遍現象。但是在農村、山區和經濟落後地區，種姓分隔現象仍然存在。

近代印度教的倫理思想除繼承傳統的道德觀外還吸收了西方人道主義、人性論、基督教的博愛思想和積極入世的思想等。

在繼承傳統方面主要突出三點：

1. 認為人人自身都有神性，個人靈魂（小我）和宇宙靈魂（大我）在本質上同一不二，小我可以上升為大我。

2. 人生有四種目的：法、利、慾、解脫，最高的人生理想是獲得靈魂的解脫。

3.相信輪迴業報，認為善行必有善果，惡行必獲惡報。

但是「解脫」的途徑另有新意。絕大部分印度近現代思想家和印度教的改革家都認為「解脫」並不意味着離群索居和遁世超俗。而應該通過三種途徑：

1.在普遍之愛中，證悟自身的神性；

2.在行動中，在對社會無私的奉獻中，證悟自身的神性；

3.在道德的完善中，證悟自身的神性。

這三種途徑是統一的。

以上這些倫理觀可由如下道德口號看出：

聖雄甘地提出「非暴力」、「苦行」、「不合作主義」，這符合印度教的傳統。但是他反對種姓之間的不平等，提出應把「賤民」（不可接觸者）稱為「哈里真」（上帝的選民）。

提拉克 (Bal Gangadhar Tilak, 1856-1920) 提出，為世界服務即是為神的意志服務，消極無為是背叛自己的法。

奧羅賓多・高士 (Aurobindo Ghose, 1872-1950) 提出，克服無明，消除私我是實現神聖生命的精神進化途徑。

泰戈爾提出，在普遍之愛中，在行動中，在有限中來證悟無限。

總之，提倡普遍之愛、非暴力、為人類服務、為社會盡責、消除無明和私我、親證自身的神性，使有限達到無限，小我上升為大我，這是當前印度倫理思想的共性。

（二）拉達克里希南道德觀的本質和內容

拉達克里希南的道德觀在本質上屬於印度教正統的道德思想，這主要表現在他對道德基本概念「法」的看法和對道德內容的詮釋

兩個方面。

他認為「法」是道德思想的本質，是倫理學和宗教學的結合，實行「法」的目的既是為了今世的幸福也是為了靈魂的解脫。它是「雙重的目的物」。在宗教方面，實行法的程度與靈魂獲得神或「絕對」的程度是一致的，渴望靈魂獲得解脫這是一切人類生活的目標，所以必須遵法、守法，這是自我實現的精神之一。在世俗社會方面，「法」是我們日常生活的規範，而生活中的法又和永恆目標相聯繫，即「人性的訓練可導致某種精神的實現。」❼它能使我們成為「真正的人」。

拉達克里希南還強調，「法」的原則是永恆的，它是人性之根，持久而牢固。但是法的內容或細節隨着社會和精神的發展，在不斷的變化。因此我們不能將法與任何特殊的宗教組織派別相聯繫，派別易變而法永恆。

他還提出「法」可以喚醒我們對精神宗教的認識，但是並不需要通過遁世，棄絕世界，而是通過參與世俗生活，參與世俗的利和慾。法、利、慾是一體，因為生命是統一的，神聖的宗教生活和日常的世俗生活沒有截然的區分，我們是在普通的日常生活中，加強精神信仰的控制力，培養我們對「最高我」的真實觀念。這種看法似乎是否定了傳統觀念的「遁世期」，但是他又肯定「苦行僧（修道士，Saṁnyāsin）是印度人身分的最高標誌。」❽他們是在法、利、慾的基礎上，才完成人生的最後目標。

每當拉達克里希南向西方人介紹印度教的「法」時，他必然和人生的四種生活目標、四個種姓和四個生活階段相聯繫。這也正說

---

❼　《印度哲學》，卷一，頁41。

❽　參見《東方宗教和西方思想》，頁381。

明了他的倫理觀也正是印度教的倫理觀。

他對道德內容的詮釋，基本觀念也是傳統的。如他對美德的看法，認為「美德便是對一切有情在思想上、言語上和行為上抱有無恨、善意和慈悲❶。」或者說「抱有善意、純潔的愛和無私。」❷「理想的行為是要求我們消除憤怒和貪婪，在思想、言語和行為上充滿了純潔和愛。」❸「最高的美德應該包括己所欲為必施與人。」❹

關於「愛」他解釋為「愛就是不抵抗。衝突被削弱，不是通過力而是通過愛。」❺「聖人們所以愛，因為他們不能抑制它。不愛則是奇怪的。」❻拉達克里希南認為普遍的愛、寬容和非暴力以及自我克制和苦行，這些道德內容決不是消極的，它們是使衝突的世界走向和平與合作不可缺少的精神力量。

關於罪惡，他認為這是「人性中非神性的因素。」❼是人過分地採取自由行動的結果。「他利用他的自由誇大自我，選擇有限，使這種被分隔的自我支配了自身的神性，從而變得貪得無厭，和宇宙意志對抗。」❽「罪惡」是我們與「真實」疏遠的結果。如果我們不打破與罪惡的聯繫，我們便不能獲得真正的自由。

但是罪惡並不是固定的、永恆不變的，因為它不屬於實在本身，而是屬於人的世界，是生命進程的一部分。人是可以擺脫罪惡而上

---

❶　《宗教與社會》，頁108。

❷　《東方宗教和西方思想》，頁83。

❸　《印度教的核心》，頁26。

❹　同上，頁39。

❺　《理想主義的人生觀》，頁118。

❻　同上，頁117。

❼　《拉達克里希南的基本著作》，頁161。

❽　同上。

升為神的。他說，人是神和自然之間的中介人，並通過人格化的智慧，進行完美的創造工作。人必須指明什麼是黑暗，什麼是弱點，他的內在生命一直在工作，最終使一個人變成神。但是人也有墮落的一面，他會沉入罪惡，使他感到是對真實的抗拒。在最高我的真實和自我之間存在着不協調的痛苦。於是便產生了自我鬥爭，而且是無盡無休的。只要在我們內心具有這種衝突感，那麼我們就是有希望的。直到我們放棄世俗意志，消除自私，神的意志才能和我們的意志相通，此時人便上升到神的特性。

拉達克里希南還贊同傳統的「三D」美德和《瑜伽經》中對「煩惱」的定義。

「三D」就是以梵文字母「D」開頭的三種道德：

Dama──自我克制
Dāna──施捨，自我犧牲
Dayā──憐憫

在《瑜伽經》中，作者波顛闍利曾對煩惱給以五種結論，即無明、自私、貪、瞋和我見。無明是煩惱的基礎，由於無明（無知）而把無常、不淨、苦和非我誤認作常、淨、樂和我。煩惱可使人墮入「貪、瞋、慾」，因此它是一種「惡」。

拉達克里希南還對「真、善、美」做了詮釋，認為真是真實、真理，它代表最高的宇宙靈魂，也代表人性的最高我；善不只包括善行，還包括思想、言語之善意和善言；美是美德的綜合。真、善、美是統一的。他說：「追求真、善、美的思想即是追求神。」❷⑦

---

❷⑦　《宗教和社會》，頁47。

　　儘管以上這些觀念均屬於印度教的傳統道德觀，但是拉達克里希南並不局限於此，而是和他的宗教觀和哲學觀相聯繫，進一步發展了傳統的觀念，提出道德價值和道德超越問題。

（三）道德價值及其在宗教體驗中的作用

　　印度教正統的吠檀多一元論哲學，尤其是商羯羅的宇宙觀，一般都把現實世界視為「幻」(Māyā，摩耶)，認為現實世界是「梵」通過一種魔力幻化而成。世界是不真實的，它只是梵的外在表現或表象，唯一真實的只有梵。既然如此，西方人便提出，世界是幻覺，那麼道德行為還有什麼意義呢？道德在虛幻的世界中，還有什麼價值呢？如果否定了現實世界的真實性，實際上便否定了印度教一切行為的意義。同時人們還提出，既然個人和神在本質上同一不二，神是普遍的，它支配一切，那麼人是否還需要道德的努力和成就？

　　面對這些玄學和倫理學的關係問題，拉達克里希南必須作出回答。於是，他首先對「幻」重新作出解釋。正像本書第三章中所闡述的，他認為「幻」有六層涵義。總的來說，世界的不真實性並不是絕對的不真，它只是相對於最終實體「梵」來說是不真的。世界具有相對的真實性。同時「幻」還代表世界的短暫性、無常性和可變性。暫時和可變不等於是虛幻的夢境。這種解釋自然地肯定了人的道德行為的價值。所以查爾斯・摩爾說：

　　　　拉達克里希南的回答採用了多種形式，但是所有的回答都表明這種觀點，即儘管道德最終要被獲得靈魂的完美所超越；儘管在這個世界上道德行為的發生只是相對的真實，但是，

道德行為和道德契約都是維繫生存所必須的和不可缺少的。
拉達克里希南的回答還由此觀點延伸，認為生命在歷史進程
中和在經驗的世界中都具有一定的意義，對於精神生命來說，
對於實現精神理想來說，道德生活是不可缺少的條件，或者
說，對獲得靈魂的完美，道德生活是基本的、必要的前提。㉘

這種評價是完全正確的。正像拉達克里希南自己所說，道德秩序是
絕對的真，因為它的基礎是這個世界（人的世界），它不是幻或影，
而是象徵或表象，表象不是虛偽的、偶然的，它代表最終的實體㉙。

至於個人的努力與實現「梵」的理想，拉達克里希南回答它們
兩者的關係成正比。個人修煉程度越高，獲得完美的程度越高。人
與神的本質同一不二不等於人就是神，因為人還有非神的因素，所
以道德行為仍有絕對的價值意義。但是在宗教體驗中卻發生了對道
德的超越。對此，拉達克里希南做了如下闡述：

> 擺脫輪迴獲得靈魂的解脫比上升到道德的高度更高。因為精
> 神的解脫不是道德的延伸，它是一種新的尺度，涉及到永恆
> 的東西。㉚
> 實現理想，我們必須超越道德生活並上升為精神的親證，在
> 這種狀態中，有限的生命受到挑戰並努力被超越，……「
> 業」不能導致解脫。㉛

㉘　《拉達克里希南的哲學》，頁288。

㉙　參見《東方宗教和西方思想》，頁104。

㉚　《理想主義的人生觀》，頁304。

㉛　《印度哲學》，卷二，頁626。

道德是以生命的分離觀為先決條件，當我們超越它時，我們便會得到對倫理法則的超越。㉜

這些論述說明拉達克里希南把宗教體驗作為精神生活的最高目的，在宗教體驗中人與神相結合，此時人的精神和思想完全處於無分別狀態，既無主、客，也無善、惡的分別，個人的倫理、道德、生死哀樂完全置之度外，只有一種精神自由的驚喜和歡樂。所以拉達克里希南說宗教體驗是對道德的超越，它和道德標準不在同一個水平線上。他說：

宗教意識不能降低到任何一種理性、道德或美學的行為，或是這些東西的總和。如果宗教意識是一種精神生活的自發形式，那麼它不但包括上面這些因素而且要超越它們。宗教的對象不是任何的真、善、美或是它們的統一，而是神這種普遍意識，神包括這些倫理價值並超越它們。㉝

他還說「奧義書」有這樣的教導：

聖人超越了兩種思想，即「我曾做惡」和「我曾行善」，善與惡，做過或沒做過，都不能使他痛苦。㉞

《摩訶婆羅多》說：

㉜ 《東方宗教和西方思想》，頁103。

㉝ 《東方宗教和西方思想》，頁75。

㉞ 《廣林奧義書》III、4。

捨棄善與惡，真同樣是不真，捨棄真與不真，捨棄你曾捨棄它們的意識。❸

當奧義書說惡不曾粘著任何智者，正像水不曾粘著一枝荷花葉時，這並不意味著聖人可以犯罪而自得，而是說任何一個擺脫世俗執著的人也可以擺脫一切罪惡的誘惑。❸

既然在宗教體驗中超越了一切道德價值和道德軌範，捨棄了一切善與惡、真與不真的意識，對一切道德行為無動於衷，那麼道德在實現宗教體驗時還能起到什麼作用呢？

拉達克里希南明確指出，道德或是美德這是實現宗教體驗的先決條件。宗教體驗有兩個階段，即準備階段和精神昇華階段。一切美德均是精神昇華的準備。所以他強調道德修養和瑜伽修煉。正像本書第四章所述，他強調對直覺力的培養，培養的方法首先便是要嚴格遵循一切道德規範，不斷排除私我的干擾，將私我這匹野馬套上道德生活的羈勒。他認為只有將膨脹的個我，不斷通過自我克制，才能將它引向平靜和安寧，繼而才能實行瑜伽修煉，不遵守個人的道德法規和社會的道德契約，便談不到精神的進一步昇華，也不可能產生對神的直覺證悟。所以「法」仍然是精神解脫必不可少的東西，是宗教生活的前提和本質。

（四）言行一致的道德實踐

拉達克里希南從小接受的是印度教正統的道德教育。他的家境

---

❸　《摩訶婆羅多》Xii，337.40。

❸　《東方宗教和西方思想》，頁102-103。

貧寒，一家六口人只靠父親一人的薪津生活，大概一年的全部收入
只夠維持八個月的費用。在這種情況下，他的父親堅持讓兒子上學，
的確很不容易。所以他從小就養成了艱苦樸素的作風和堅忍不拔的
意志，積極進取，無論對人對事都採取寬容、誠懇的態度，熱心公
共事業，願意助人為樂。這些美德終其一生成為他為人處世的突出
的特點。

　　早在大學學習期間，他就將自己極少的生活費用節省下來，用
以幫助那些比自己年歲還小又需要照顧的同學，其中有一個同學名
叫埃迪拉吉 (E. J. Ethiraj)，後來成為馬德拉斯律師界的頭面人物，
並用他的收入慷慨捐贈，建立一所女子學院。埃迪拉吉始終不會忘
記拉達克里希南對他的幫助，他也以自己的行動回報了社會。傳記
作者穆蒂(K. S. Murty)教授說：

> 在拉達克里希南成功的道路上，無論在任何階段他都沒有被
> 貧困所屈服。他總是抱着這種觀點，你出生在有錢人家還是
> 窮人家都無關緊要，重要的是你要把它承受下來。❸

後來，他常向同事們講述他早年與貧困鬥爭的故事。他雖身處困境，
仍然想着他人。

　　生活儉樸，感情安詳，平等待人，成為他思想作風的又一特點，
曾給人留下深刻的印象。他的學生曾回憶說，他總是穿着一件白色
的長衫，戴一條白色的頭巾，腰上佩一條能活動的腰帶。面貌熱情
而慈和，還有一雙既不顯示憤怒也不顯示衝動的眼睛，走起路來輕
快又有節奏，給人留下一幅幸福而瀟灑的形象。他的一位鄰居也描

---

❸　穆蒂：《拉達克里希南，他的生平和思想》，頁17。

繪說，他總是穿着最簡樸的服裝，喜歡坐在鋪着蓆子的陽臺上，以和藹可親的語言向每個過路的大人和孩子招呼。他還用大量的時間讀書學習，喜歡和青年學生交談，儘管他們所知不多又說不好英語。

這些對他外表的描寫正好反映出他的內心世界。克己的作風和恬淡的生活，正是精神昇華的持久不懈的修煉。後來當他已經成為世界聞名的哲學家並多次赴國外訪問時，他仍然穿着他的白色長衫，戴着他的白色頭巾。

在邁索爾大學任教期間，由於他的善良和寬厚的待人態度，獲得師生們的共同愛戴。不論是他班上的學生還是別的班上的學生，都一致讚揚他的教學和為人。「他思想清澈，語言豐富，判斷準確。」❸❽「只要能聽到他講的課或讀到他寫的文章，就能通過級別較高的考試。」❸❾「他將他輔導小組的學生們請到家裡，邊用茶邊談話，以他的善良和充滿信心的方法去接觸學生們，使我們都感到他是自己的長輩，他被所有的人愛戴和尊敬，是一位理想的教師。」❹

由於他所具有的美德和思想深入人心，所以當他離開邁索爾赴加爾各答大學上任時，歡送的場面十分感人，一位學生後來回憶說：

> 火車大概就要開動了，我們熱愛的老師站在門口空地方，大家都在流淚，很多教授也流淚，這是一次甜蜜而痛苦的分離。他舉手為我們祝福，我們感激他的寬厚。我們的眼睛是濕的，喉嚨是乾的，我們努力鼓足力氣用完全乾啞的喉嚨喊着「拉達克里希南萬歲！」不管怎樣，我們這樣做了。於是他乘的火

---

❸❽ 同上，頁29。

❸❾ 同上，頁29。

❹ 同上，頁29。

車離開了，越出了視野。後面留下了光榮的足跡和甜蜜的夢幻般的閃光，這便是永遠留在我們心中的記憶。 **❹**

　　在加爾各答大學執教期間曾發生了一件不愉快的訴訟案。當時拉達克里希南還是一位年輕的教授，但已深受校長的器重，委任他為「英王喬治五世精神和道德哲學」第二任教授。從而引起某些老教授的不平和妒忌。當1923年和1927年拉達克里希南分別出版了兩卷本的巨著《印度哲學》之後，便引起某些人的尖刻批評，《現代評論》雜誌成為他們利用的論壇。文章批評《印度哲學》「使用錯誤的英文，對孟加拉語無知，缺乏梵文研究，不完全了解西方哲學，粗枝大葉，推理不充分」等等。對此，拉達克里希南不但不反駁，反而以寬容的精神表示歡迎。他說：「我尊重有助於任何觀點的評論權利，他們願意關心著作，這是公眾應有的權利。」 **❷**

　　但是不久有人超出了對著作評論的界限，採取人身攻擊的態度，有位辛哈先生撰文批評拉達克里希南，「事先未曾打招呼便借用了他的文章」，「拉達克里希南明顯地把這些文章冒充是他自己的」，還列舉了七十多處引文。在這種情況下，拉達克里希南不得不打破沉默，因為他感到不僅是他的智慧和學識受到挑戰，而且他的榮譽和品質受到懷疑。於是他撰文反駁，其論點有二：一是他的《印度哲學》先於辛哈的文章交到出版社，他不可能抄襲對方的文章，時間不能倒置；二是不同的文章同時引用印度古典聖書這是可能的，不能因為引用的文句相同就說成是抄襲。接着便展開了一連串的辯論。對方還告狀到加爾各答高等法院，最後被判決和解，《當

---

❹ 同上，頁35。

❷ 同上，頁40。

代評論》也收回了對拉達克里希南的批評。總的來看，拉達克里希南是勝利者，但是他對攻訐和批評他的人沒有絲毫怨恨，他以自信和明智，依靠公理駁倒對方。

1931年至1936年，在他擔任安得拉大學副校長期間，他曾在全國範圍內聘請了許多著名教授前來執教。在選聘人員時，他打破階級、種姓和地區的界限。甚至將表列種姓❹和低等階級的人也列入計劃，從而引起當地工作人員的反對。但是拉達克里希南立場堅定，他認為在選擇教授時決不能感情用事，它涉及到大學的發展和人才的培養，教師要有真才實學。他就是這樣站在真理和正義一邊，頂住了某些人的偏執和狹隘。

他還在第二次世界大戰時期，伸張和平反對戰爭。在殖民統治時期，保護學生，反對軍警侵入校園；在國外講學和佈道期間，維護印度的尊嚴，勸告基督徒以平等態度對待一切宗教徒。總之，他總是以自己的行為，處處體現出克己、寬容、仁愛、平等和堅信的美德，做到言必有行，行必有信。

---

❹ 表列種姓,是英屬印度政府為了表示對社會地位最低的賤民的「同情」，在「1935年印度政府法」中把他們的種姓列入附表予以保護，故有此名。(見孫培均：〈覺醒中的印度賤民〉，載中國社會科學院・北京大學・南亞研究所《南亞研究》，1982年，第4期，頁1，註1)

第八章　肩負教育者和管理者雙副重擔

拉達克里希南的一生絕大部分時間都在從事大學的教學和管理工作。從1909年在馬德拉斯基督教學院畢業後開始，直到1949年他擔任印度駐蘇聯大使為止，始終沒有離開過大學。正像他自己所說：「教育已經成為我的特殊學科。」❶在這整整四十年的教學過程中，他從助教升為教授，從教師成為校長，在這期間他付出了無限的精力和百倍的辛勤。甚至在後來擔任國家副總統期間，他還兼任德里大學校長，可謂「春蠶到死絲方盡，蠟炬成灰淚始乾。」他為教育事業貢獻出自己的一生。

（一）優秀的教師

拉達克里希南是一位極有才能和威望的教師，又是一位平易近人具有開拓精神的師長。據他的傳記作家、也是印度知名的哲學家K. S. 穆蒂和合作者A. 渥哈拉記載，拉達克里希南是一位具有淵深的哲學知識、非凡的記憶力和傑出的論述天賦的人，他能深入淺出的將最抽象、最深奧的哲學思想和概念講解得非常簡明、清晰，通俗易懂。他的雄辯才能和啟發式的教學方法給學生們留下深刻的印

❶　《真知》，頁7，1990年，德里英文版。

象。在50分鐘的課堂中，他總是留出一部分時間讓學生自己思考和質疑。所以他到馬德拉斯省立學院不久，學生們就公認他是「最好的教師」，「是一位鼓舞人心受到熱愛的教師」。

當他從安德拉邦拉賈芒德里藝術學院調到剛成立不久的邁索爾大學任教時，同樣也受到學生們的愛戴和尊敬。他的課堂總是吸引着班內外的學生，在班加羅爾中心科學院有不少聽過他講課的學生，一有機會也要到邁索爾大學去聽課，他以條理清晰、見解深刻、解釋精確而聞名。一位學生曾回憶說：「他的論述非常詳盡，從不忽略與課程和討論有關的問題。人們只要聽過他的講課或讀過他的講義，甚至就能通過高等考試。思想清楚、語言豐富以及思考論點的意見全都出自於他。這些都是完善的結論，常常使我們感到，對我們的研究，他毫無保留，他對問題和論點的闡述又是多麼的盡善盡美。」❷另一位名叫亞穆納查利耶 (M. Yamunacharya) 的同學說：「在他的課堂上，當他滔滔不絕地評論西方傑出的哲學家時，使我們聽得入迷，這些課程給我們的深遠影響是真實的，是難以形容的。」❸

拉達克里希南總是鼓勵他的學生要冷靜地思考，要選擇他們自己的觀點。但是做為一個現實主義者，他同時還告誡他的學生們「在仰望天空時不要失掉我們立足的基地。」❹

他謙虛隨和，不擺架子，與同學們熱情相處。他喜歡同學生們一起共食茶點，有時候給他們起個綽號，使同學們感到親切，他的記憶力驚人，事隔四十年之久，他甚至還能叫出當時學生們的名字。

---

❷　參見K.S.穆蒂：《拉達克里希南的生平及思想》，頁29。

❸　同上。

❹　同上。

1921年，當他調入加爾各答大學後，時隔不久，他的名望便在哲學系內外傳開了，其他系的學生，如心理系、經濟系、梵文系的學生便逐漸被吸引到他的課堂上來，人們讚賞他講課語如珠璣，論述簡潔，大量使用短語的激情表現和對各種問題探索其本質的能力。

他在加爾各答大學期間除了認真完成教學任務外，還創立了兩個學術組織，一個是印度哲學大會，另一個是人文學科俱樂部。

印度哲學大會是由拉達克里希南牽頭並與眾多哲學界師生合作，經過數年奮鬥，克服了財政困難和官僚主義的阻力之後，於1925年正式成立的。同年12月，在加爾各答召開了第一次大會，由羅賓德拉納特・泰戈爾擔任大會主席，會上除進行學術交流外，還選舉了常設機構成員，拉達克里希南被選為總主席，此後每年召開一次大會，直到現在仍然如此。印度哲學大會的宗旨是交流學術成果，反映哲學研究的新動向，它與時代信息和當前社會需要緊密相連。如1985年在大會舉行六十週年紀念會議時，我國著名學者，泰戈爾國際大學名譽文學博士巫白慧教授曾應邀參加大會，會議的主題即是《當代危機中的哲學》。一年一度的大會總要圍繞某個主題開展討論。印度哲學大會目前還設立了如下常設機構：一、執委會（由執委會主席領導）；二、秘書處（設秘書長一人，秘書若干人）；三、司庫一人；四、地方秘書一人。主要職責是籌備年會，聯繫工作。

人文學科俱樂部的前身是哲學社會學研討會，這是在加爾各答大學哲學系為發展哲學各學科的研究而建立的。拉達克里希南是創始人之一。該組織規定每星期四下午召開一次研討會，由學生或教師就哲學諸多方面的問題提出中心報告，大家圍繞此中心展開討論。後來將此研討會改為人文學科俱樂部(The Arts Faculty Club)，每星期五下午組織一次研討會，仍由某個學生或教師以任何方式提出一

份有關人文學科的報告，然後進行集體討論。實際上這是將哲學系的研討會擴大到全校範圍。該俱樂部還經常邀請國內外知名學者演講。會後，拉達克里希南常把客人和俱樂部成員請到自己家中用餐，大家不拘禮節，席地而坐，吃着真正南印度風味的芭蕉葉飯。

拉達克里希南的教學風格和教學水平不僅在國內得到好評，在國外講學也受到廣大師生的讚揚。如1926年在英國牛津大學曼徹斯特學院主講〈印度教徒的人生觀〉時，他的學識和口才給人們留下了深刻的印象，第一天前來聽講的人竟達一百多人，其中半數以上是教師。第二天人數繼續增加，最後兩次講課，校方不得不改在大廳中上課。他使用的很多短語和格言後來成為聽眾的口頭禪，如說：「我們不能將自己的靈魂放進軍服裡」，「人生道路的最後階段是以單個的生命在活動」，「在解脫時，一個人便成為他自己的傑作」等。又如 1932 年在英國倫敦大學演講時，他同樣受到熱烈的歡迎和稱讚，這所大學的副校長曾總結說：「在這些日子人們的確充滿了懷疑和恐懼，但是你指出了如何能夠消除這些疑懼，你以對未來的勇氣和希望充實了我們。聽你的演講，對我們的學生非常有益，在這方面使我們又驚又喜，因為你解決了一個極其困難的問題（指〈理想主義的人生觀〉），同時我們也對你的英語水平感到驚異，因為那不是你的母語，你卻能說得如此流利。印度永遠是宗教和哲學的故鄉，對我們來說，聽到一位偉大的印度老師所講的課程，確實是最大的幸運。」❺

課後，有一位聽眾對他說，他對哲學問題的解釋非常好，自己再也不會聽到比這次更好的課了。

由於他的講課內容，也由於他的人格和學識深深吸引了大家，

---

❺　K. S. 穆蒂：《拉達克里希南的生平和思想》，頁53。

所以英國牛津大學特意為他設立了「東方宗教和倫理學」的斯波爾丁講座，由他擔任教授。

此外，在國內外的佈道和演講中，他每次也都受到人們的讚揚。如1930年從英國回印度，途經錫蘭（今斯里蘭卡）的科倫坡時，他發表了〈佛陀的使命〉的演說，事後，K. P. S. 梅農說，他的演說是一個和諧的整體，好比是一部偉大的藝術傑作，極具統一性、綜合性和平衡性，使他的聽眾入迷。

拉達克里希南的教學生涯，一直延續到他擔任大學校長的時期，當他在安得拉大學任副校長時，仍然在哲學系教授當代哲學和邏輯。每星期三、五的下午都有他的課程。同往常一樣，在50分鐘的課堂中，他自己講30-35分鐘，其他時間啟發學生思考和討論。在他講課時，教室外面的走廊上往往聚集着許多其他系的老師們在旁聽，為了避免干擾課堂分散聽課學生的注意力，有時他不得不請在外面旁聽的教師們離開。可見他的教學內容和方法是如何的優秀和吸引人。

（二）傑出的校長

1931年他首任安德拉大學副校長，該大學於1926年創建，當時只有五年校齡，在拉達克里希南到任時，辦公樓尚未建立，行政機構設在附近的旅館裡，教室設在當地地主的大院內，校領導的家屬住在租來的樓房裡，學校只負擔兩個月的費用。在這種極其困難的條件下，拉達克里希南帶領六名教師，首先辦起了歷史系和泰魯固語系，第二年他又辦起了哲學、數學、經濟、政治和外語系，同時招收了研究生。1933年他又吸收了一名教授和四名講師辦起了科學

技術學院，1934年創辦了商貿系。

在這個過程中，他著重解決兩個問題，一是人才的吸收和使用；二是經費的來源。

在吸收人才方面，拉達克里希南激底打破了地區、階級和種姓的界限，以至於具有地方感情的某些評議會委員並不喜歡他，認為他沒有優待安得拉邦人，相反卻把表列種姓和落後部落的人納入了招收計劃。他們甚至發動了一次宣傳活動，說拉達克里希南這位副校長反對安得拉邦人，反對婆羅門。但是拉達克里希南毫不動搖並明確表示，我們是在選擇教授，教授的委任與學院的成就密切相關，教學不是依靠感情，這裡不存在熱心與否問題。正是這種思想的指導，僅僅用了三、四年時間，安得拉大學便集中了很多卓越的科學家和學者。

在使用人才方面，他善於充分發揮每個人的才幹，給他們以高度的信任和鼓勵，放開手讓他們自己去做。如在建立教學大樓問題上，他通過選舉委任了工程師，要求他在一年之內完成，至於建樓的施工方案和具體措施，則由工程師自己提出，這樣，在一年之後，技術系的新樓便用上了。

對於持有不同觀點和不同政見的教師，他不是採取排斥和打擊的態度，而是保護和引導。例如有一位教師信仰社會主義，他在班上和其他場合都在提倡並宣揚社會主義，受到了學校不少人的反對，認為這是在學生中散布「危險思想」，一些人便準備進行人身攻擊。拉達克里希南知道後卻平靜地說，如果一個人在25歲之前不是社會主義者，那是他的頭腦有某些東西搞錯了；而一個人如果在25歲之後仍是一名社會主義者，那是他的頭腦也有某些東西搞錯了。他認為不同觀點和不同政見的提出，正好為年輕人拓寬了思想領域，於

是他平息了人們的不滿，挽救了那位教員。但對於社會主義，他並不加以贊成也不加以否定。

又如，有一位植物學講師，名叫拉奧(G. R. Rao)，發表了一篇題為〈神的概念〉的論文，文中提出神的概念是虛假的，它只能縱容迷信和狂熱。當時校方的權威們一致認為這位講師是在公開宣揚無神論，要求學校免去他的職務。校方同意，給他三個月的期限離職。拉達克里希南反對這種做法，他認為只要他在教學方面盡到責任，就沒有理由因為他的觀點而給予處罰。於是他建議在下屬學院中將植物學由輔課改為主課，並聘請拉奧任此門課程的講師，使得這位植物學教師的工作重新得到安排。以上例子說明，拉達克里希南在用人方面非常寬大，愛惜才華，與人為善，並且支持思想自由。

他身為學校領導，從不對人採取命令的語氣，無論是教師還是學生，做錯了事或發生了問題，他從不訓斥，而是和藹可親的勸告並幫助妥善解決。有一次在視察學校紀律時，有一個班的黑板上寫着「G. K. 先生從迷人的班上逃走了」。第二天，拉達克里希南便問這位 G. K. 先生：你是否嚴肅地對待你的工作了，還是要在最近離開大學？ G. K. 先生說他要離開大學，於是學校便及時做了調整，配備新的教師。還有一次，拉達克里希南發現化學系的學生在抵制塞沙德利(T. R. Seshadri)博士的課程，大約持續了兩個星期，經過調查，發現在這期間正好有一次分裂安得拉邦的活動，塞沙德利是泰米爾人，受到排斥，安得拉邦的學生不來聽他的課。拉達克里希南知道內情後，非常嚴肅地告誡學生們，如果只因為老師是泰米爾人而不來上課，那麼他們就只好被停學了。學生們知道這位校長平時雖然和藹，但對違犯紀律的行為卻是要求很嚴的，而且說到做到，從不苟且，於是立即放棄了聯合抵制的行動，照常上課了。

在解決經費來源方面，他充分發揮了廣交朋友的特長，他有一位朋友名叫杰普爾(V. D. V. Jeypore)，是學者兼詩人，同時也是奧里薩的一位王公，他很欣賞拉達克里希南的為人和學術成就，也支持他所創建的大學。他提出願意為這所學校1933-1934年度捐贈5萬盧比，為1934-1935年度再捐贈7.5萬盧比，用來從事科學教育。然後還許諾要再捐贈150萬盧比，由他本人或他的後裔完成，每年預付給10萬盧比。拉達克里希南為了報答他的大量的慷慨資助，特將科技學院以杰普爾的名字命名。後來，這位王公也確實完成了他的諾言。

解決經費的另一種方法就是向官僚主義做鬥爭。1935年安得拉大學建立了醫學院，但是印度醫學委員會聲稱，他們不承認該大學醫學院所授予的學位，原因是醫療設備不充足，訓練不能達到標準。要求該校和實習醫院必須增加價值在40-50萬盧比的醫療設施。為此拉達克里希南請求馬德拉斯政府撥款，政府表示無能為力，經過再三請求，主管部門仍然不予答覆。最後拉達克里希南對財政部長和官員不得不威脅說，我告訴你們，這將是你們的墓誌銘：「部長和官員支持了醫學院，同時，部長和官員也拆毀了它。」這個墓誌銘倒真起了作用，第二天馬德拉斯政府便發來通知，說醫學院的撥款請求已被批准。這正是拉達克里希南對官僚主義者所採用的心理戰術。

在創建各系的同時，拉達克里希南便着手建立起大型的圖書館，他認為圖書館應該是大學的心臟，所以它發展得很迅速，在拉達克里希南任職期間(1931-1936年)，藏書總量已由原來的不足7,000冊增加至23,000多冊，各種報刊雜誌已多達200餘種，並且都配備了合格的管理人員。

此外拉達克里希南在辦學方面還有許多獨特的創建，這主要表現在四個方面：

一是提倡用母語教學、答卷和寫作，他認為做為印度人不能只會英語，提高運用母語的能力比用好英語更重要，所以它允許專家們用泰魯固語講課，允許學生用泰魯固語參加入學考試。他還從科學技術學院選拔一些有能力的專家組成編委會，用泰魯固語編輯出版了各個學科的小辭典。這樣既提高了泰魯固語的水平也普及了科學知識。

二是在學生中打破種姓、階級和宗教的界限，建立公共的餐廳，實行共同就餐制。在拉達克里希南就任副校長之前，學校餐廳以木板分割為不同的小區，如以種姓為界的婆羅門區和非婆羅門區，以宗教為界的穆斯林區和基督徒區等等。這樣既縱容了種姓制度又不便於學校管理。拉達克里希南為了解決這個問題便召開了校評議會，以評議會的名義提出建立公共餐廳的決議案。隨後他又徵求同學們的意見，在取得多數人的支持後，在一次晚餐的安排上，澈底進行了改革，大家不分種姓、不分團體共進晚餐。此後這種改革一直延續下來，大家毫無怨言，默默地接受了。

三是要求大學各學院向婦女開放，優先吸收女孩入學，為此他特別建立了女生宿舍，在宿舍中配備護理人員，並提出女生住宿費降低50%，護理費免除。這在當時男女極不平等的印度，的確是一件偉大的創舉。

四是提倡學校和社會相聯繫，他不同意大學脫離社會基礎而建成一座象牙塔，主張學校師生應為農村社會的進步和重建而服務。為此學校製訂了一種專門的標誌，鼓勵師生將自己的科研成果服務於社會。這種做法後來成為自由印度國家服務計劃的內容之一，並

被其他許多大學所採用。

由拉達克里希南等人創建的安得拉大學，據本世紀八十年代統計，已發展成規模巨大的正規大學，在校學生達58,000多人，專職教員700人，圖書館藏書已增至320,000冊，仍然採用英語和泰魯固語兩種語言教學。

1939年年中，拉達克里希南從英國回到印度，這時貝拿勒斯印度教大學奠基者，在該校任職二十年的副校長馬拉維耶教授(P. M. M. Malaviya)想尋找一位繼任者，他提出這位新校長必須具備五個條件才能辦好貝拿勒斯大學，其條件是：1.必須是一位偉大的印度教徒；2.必須是一位偉大的愛國者；3.必須是一位國際知名學者；4.必須有大學管理知識；5.必須有籌措資金的能力。這五個條件他認為拉達克里希南完全具備，於是他便竭力邀請拉達克里希南擔任貝拿勒斯大學副校長的職位。

拉達克里希南起初謝絕了，原因有二，一是他正奔波於牛津大學和加爾各答大學之間，每年都要用半年時間赴牛津講學，實在無暇顧及貝拿勒斯大學；二是他知道貝拿勒斯大學正面臨着財政危機，他不想陷入這種困境中去。但是馬拉維耶先生再三求他幫忙，並提供給他往返加爾各答和貝拿勒斯之間的路費，只求他週末來貝拿勒斯大學作協調和指導。在這種情況下拉達克里希南只好同意任職。於是他在 1939 年 9 月 24 日正式到任。後來由於第二次世界大戰在1940年爆發，他終止了赴英講學的任務，才全身心地投入貝拿勒斯大學的建校工作。在他擔任該校副校長期間(1939-1946年)主要業績有兩個方面，即解決財政危機和保護學校的尊嚴。

在解決財政危機方面，他首先聘請了一位得力的會計主任，此人名叫N. V. 羅格溫(Raghavan)，原來是該校的財務管理人員，退休

後曾在各邦政府部門做過會計主任。拉達克里希南說服他回校再幹兩年，他答應了。接着在1940年拉達克里希南請他將大學的財政狀況寫一份詳細的報告。經拉達克里希南對報告的仔細研究和分析，最後得出結論，認為大學在銀行透支1,343,548盧比，主要原因是不按計劃支出。於是他在大學董事會的支持下，制訂了財務制度，按照規定所有的額外支出校方不再干涉，均由拉達克里希南本人全權負責。這樣他便嚴格控制超支，結果在1940至1941年度的大學年終決算時，不但沒有超支，反而結餘35,920盧比，經過他的數年努力，到1947年4月1日，全校已補回透支589,000盧比，在他任職的七年中，平均每年結餘84,000多盧比，這不能不說是驚人的成績。

在維護大學尊嚴和保護師生安全方面，本書第二章已做過介紹，這裡不再重複。

總之，他不僅是一位優秀的教師，也是一位傑出的校長。他不僅具有教學和管理的經驗，也具有系統地教學和管理的理論。

（三）論教育的職能、目的和方法

拉達克里希南認為在印度獨立之後，整個印度社會都顯示出欣欣向榮的氣氛。科學不斷在進步，種姓束縛已逐漸鬆弛，男女平等已有改善。在這種情況下，教育應起到什麼作用呢？他認為教育應具有兩大職能，即改造主觀世界和客觀世界。他說：

> 教育能幫助我們在這個世界上找到我們要找的東西，這不僅是為了增加財富或增長學問，或是為了完成自己的目的。它還能幫助自己呈現出最高我。❻

他認為一個人不能以獲得財富和學識而滿足，他還應該發展某種脫俗的美德、克己的品質，使自己具有較高的人生目的，那就是實現人所保持的尊嚴和完美。在如今的世界上，持續不斷地存在着某種不穩定的狀況，人們彼此害怕，相互發生衝突和戰爭。這種狀況不是因為物質的增加和堆積，不是因為智慧的卓越，而是因為人們缺乏冷靜，缺乏辨別是非的洞察力和判斷力。而這種能改變人的思想和內心的洞察力的培養，則依靠教育。所以他說：

> 當人們在某個時期正在追求一切舒適的物質方式，如豐富的食物，精緻的房屋，豪華汽車、收音機，並感到由於這些物質東西的積聚而滿足時，我們也應該為自知、自察和自評留有餘地，只有這樣才能完善我們的自我。❼

而這種改善和完善自我的過程，正是不斷接受教育的結果。

教育之所以能夠改造客觀世界，這是因為「教育能傳授給我們一種我們所希望建立的社會類型的觀點，如我們現在為民主社會而工作，這種民主是建立在人類平等和尊嚴的價值觀上。所以平等的價值觀便成為我們的理想和我們今後為之奮鬥的偉大原則。」❽因此教育無論對個人還是對存在都具有重要的意義，它能幫助我們克服精神的遲鈍，培養我們精神的敏銳性，使我們和時代的道德精神相一致，並成為我們共同生活的組成部分之一。

根據以上這兩大職能，便確定了教育的目的。首先是育人，有

---

❻ 《真知》，前言。

❼ 同上。

❽ 參考《真知》前言。

了合格的人，才有理想社會的棟樑。那麼，什麼是合格的人呢？拉達克里希南強調需要培養德、智、體全面發展的人。

德育應擺在第一位，他說：「傳授某種教育不僅應該是廣泛的，而且也應該是深入的，我們則缺乏深度。我們可能成為博學的或有技能的人，但是，如果在我們人生中沒有某種目標，我們的生活就會變成盲目的、不穩定的並且是痛苦的。正像《薄伽梵歌》所講：『一個真正有教養的頭腦，便會有一個專心致志獻身追求的單一目標』，『一個沒有教養的頭腦，整個人生將被分成許多方面。』因此，教育不僅應該給人以學問和技能，而且也應賦予他一個明確的生活目標，這是必不可少的。那個目標是什麼？必須要自己明確。」 ❾ 所謂「明」(Vidya)，就是告訴你什麼是正確的和什麼是錯誤的，「明」便是通過理性思維給人某種理智。「自明」則是自己明確自己應走的正確道路。

按照拉達克里希南的看法，人生正確的目標就是不斷完善自我，最終實現精神的自由。為此德育的內容應包括「Da. Da. Da.」，即dama（克制）、dāna（施捨）、dayā（同情心）。他尤其強調人的同情心，他說：「如果一個人沒有了同情心，那他就不是人。」 ❿

其次是智育，智育具有廣泛的含義，既包括自然科學也包括人文科學知識。就自然科學知識來說，目前已出現了許多奇蹟，如物理學方面的原子科學、電學，醫學方面先進的外科醫術，化學方面的合成技術以及天文學、數學、心理學等各方面的成就，這些都是智育的內容，教師應該引導學生們去學習和參與，並要培養他們為祖國和為世界爭光的榮譽感。但是自然科學不僅僅意味着純智力的

❾ 《創造的人生》，頁15，1987年，德里英文版。

❿ 《創造的人生》，頁16，1987年，德里英文版。

開發，它也包含着品德的傑出和感情的信奉，意味着一個人要具有堅定不移地追求真理的情神，甚至為科學而獻身。

就人文科學知識來說，和德育教育密切相關。一方面可提高自我的素質；另一方面可獲得建設新社會的理想。為了達到第一個目的，就要學習聖典和宗教導師的教導，這些經典著作和偉人的名言可以給我們以精神的慰藉和啟迪，能教導我們如何實現人生的價值，能促進思想，撫慰心靈，豐富情操，塑造新人。尤其是通過各種宗教的教育，更能使青年男女深感世界上只有一個上帝的崇拜者。無論是在天主教的教堂、穆斯林的清真寺、佛教寺廟和錫克教的謁師所，你都會感到精神信仰的存在，它並不因為所信的神明有異而損害你的精神信仰。神是唯一的，天使則是眾多的。所以和各種宗教偉人的思想交流不但不會使你迷失在種姓、團體、階級等各類瑣事中，相反，還會使你開擴眼界，豐富感情，拓寬思想，達到身心的至高界線──顯現最高我。為了達到第二個目的，就要學習憲法，憲法是國家的最高法規，也是社會的最高理想。印度憲法規定出如下原則，即民主、世俗主義（非宗教主義）、 社會主義和博愛。老師應把這些原則教給學生，為了他們的精神訓練，同時也為了改造社會。總之，「正像我們通過自然科學控制物理世界一樣，我們也可以通過社會科學控制人類的本性。」⓫為了使學生獲得智育的全面發展，拉達克里希南主張在大學裡應設立三門必修課：

一、科學。科學的重要性是因為它所獲得的驚人成就已經改變了這個世界。這些成就必須告訴我們的學生們，使他們具有參與感，並感到科學還在不斷擴展，我們應該為此作出貢獻。不久前曾經有人提出「生命之樹通過藝術延續，死亡之樹是通過科學」。這種論斷

⓫　《真知》，頁112。

拉達克里希南認為是完全錯誤的，因為濫用科學不是科學本身的過錯而是人的過錯。因此我們要向學生們提供那些最好的科學和技術，這些東西都是人民所需要的。

二、人性 (Humanities)。它能告訴我們關於我們自己的本性。我們一天一天是如何成長起來的，推動力是什麼，理想和抱負是什麼，這些東西我們都要從人性中學習。拉達克里希南認為，無論是自然科學還是社會科學只能觸及實在的邊緣、實體的外部，表現了多樣性。但是存在的中心是什麼，你必須學習，必須訓練自己，通過單獨的反思或瞑想，使你自己達到你的存在的中心，這是一種思想的飛躍，是對「無明」的超越，是人的活的精神的顯現。

三、宗教。學習宗教不是學教條的或教派的宗教，不是使我們相互仇恨，而是學習真正的宗教精神，內心的覺知和外在的同情。宗教是多種多樣的，都有一個較高的實在，但是真正的實在只有一個。這正像波斯詩人魯米(1207-1273)所說，月亮在天上不在河裡，你在河裡發現的只是它的影像。同樣，實在是在現象世界之上，你不能在世界的顯現中去把握它。穆罕默德也曾說過，神不拒絕使者去任何團體。每一個宗教團體都有它自己的使者，而且國家的法規也體現了這些基本的原則。我們學習宗教就是學習它的基本精神——平等、憐憫、勸善、證悟真正的人性。

第三，體育，也包括兩個方面，一方面是增強體質；另一方面是開展競技運動。增強體質對印度學生來說主要是加強營養，拉達克里希南注意到有不少學生患有營養不良症，他提醒政府應該滿足學生的身體發育要求，因為他們是國家未來的建設者，對學生健康負責就是對民族的進步負責。他要求對學生健康狀況做定期檢查，對營養不良的學生給予特殊的照顧。至於體育競技，具有雙重意義，

不但可以鍛鍊身體，增強體質，而且可以發揚一種競爭意識。

總之，教育的目的最基本的是培養一代又一代的德、智、體全面發展的新人，通過他們來建設和發展祖國的事業，也是通過他們為全世界的科學和進步做出應有的貢獻，使印度民族躋身於世界民族之林。

關於教育的方法，拉達克里希南提倡「說服」，即以理服人，反對強制。他說：

> 當今有一種傾向，即當我們不能使其信服時，我們就強迫。當我們不能為所欲為時，就通過恐嚇、強制或其他手段，設法把別人拉入我們這邊。如果這種觀點被每個人採納，生活就將停滯下來，這是危險的。我們應該懂得我們是文明的國家，我們應該具有相當的自重和自尊。我們應該問自己，我們正在採取的行為和意志是有助於國家的好名聲還是壞名聲。❷

拉達克里希南認為，印度是世界著名的文明古國之一，她具有五千年的文明史，這種優秀的民族文化傳統一定要延續下去。所以教育新一代的原則必須將民族或國家的聲譽和尊嚴放在首位，當人們的行為有損於國家的尊嚴時，必須調節自己的行為，以適應社會的需要，而不能以個人行為為準則，讓社會和他人服從於你。教育的方法，既能體現人們的文明程度，也能體現出教育的目的。方法要為目的服務，採取說服、引導的方法，才能激發個人的積極性，從而能自覺地調整自己的行為以適應社會的需要。否則，人人都以個我

❷　《創造的人生》，頁22。

為中心，強制他人服從自己，勢必使人產生一種抗拒心理，即使你
有道理，也會獲得事倍功半的效果。所以教育的方法一定要採取說
服的方式，這是拉達克里希南一再強調的，他自己也是這樣做的。
在他執教的四十年中，從未發生過體罰或訓斥學生的事件，更不願
強制別人去做不想做或不願做的事，而是以理服人，啟發學生的良
知。

（四）論教師的作用

　　拉達克里希南首先肯定教師、工程師、科學家、學者有着同等
重要的作用，他們都能為解決國家的貧窮、失業、饑餓、疾病和人
性的退化做出應有的貢獻。

　　其次就教師來說，他還負有雙重的義務，不但要向社會提供具
有現代科學技術的人才，還要提供具有洞察力、使「靈魂的眼睛轉
向光明」的人，他們要富有愛心，富有道德的約束力。正因為教師
肩負著人類的未來、人性的未來、國家和世界的未來，所以教師的
職業具有極大的重要性。不能將教師的專業貶低成一種交易，相反，
應該建立起職業的信仰。

　　拉達克里希南還指出，在過去，人類社會的初級階段，教師的
職責往往由家庭來完成，學生接受的是家長式的教育，而現在則不
同，教育的職責基本上由教育機構承擔，這就在人類的思想上和内
心上產生了一種變革。教師和學校具有極強的社會性。所以今天的
教師主要肩負着三種職責：

　　一、他要將人類古代的文明之光，一代一代的傳遞下去，使它
永不泯滅。

二、他要發展人類的自由精神。這種自由精神曾給社會帶來了巨大的變革。一切藝術和建築、哲學和宗教、科學和技術上的偉大的成功者，都不是他所處的環境的奴隸，而是它的主人。環境是可以選擇的，因此精神獲得自由這是人類的偉大理想，每一位教師都應把這種職責擺在自己面前。

三、維護社會正義。在印度，人們總是以各種界限相分隔，無論在任何時侯，都陷於種姓、階級和宗教團體的糾紛之中，忘記了自己作為「人」的義務，而且使自己處於這種愚蠢行為的支配之下，針對這種情況，拉達克里希南強調，作為教師一定不能陷入各種社會偏見之中，要堅決維護社會正義，消除各種使人類分隔的柵欄，建立起健康的社會機制。

要完成教師的如上使命，教師本人必須做到品行端正，因為學生從教師身上學到的東西比在書本上學到的多。所以奧義書曾經教導學生說，不要做你們的教師們所做的一切事情，不管怎樣，你們要學他們所做的無可責難的行為，而不是其他的行為。這就是說，教師的行為並非全是完美無缺的，作為學生，要學習的是老師的那些美德和優點，而不是學他的缺點和不足。但這僅僅是對學生的教導，並不能作為教師原諒自己的藉口。相反，對於教師必須要求他們以身作則，力爭至善，成為學生品格端正的楷模。

拉達克里希南還要求「一名成功的教師最基本的品質是熱愛學生。」[13]他認為這比知識的傳授更重要。因為只有對學生充滿了愛心，才會對他的發展或成長負起全面責任。不限於在課堂，也會在課外和校外關心他；不限於傳授實際知識，也會教給他「人的價值」知識。

---

[13]　《真知》，頁34。

　　總之，教師的作用是承接人類文明的橋樑，他將人類優秀的文化傳統傳授給一代新人，又帶領他們繼續開拓人類和人性美好的未來。教師是辛勤的園丁，他們永遠在默默地耕耘；教師也是紅色的蠟燭，他們永遠在點燃自己卻照亮著他人。教師是一種永遠使人尊敬的偉大而平凡的職業。

第九章　對印度哲學思想的影響

　　為了說明拉達克里希南的哲學思想對印度的影響，為了給拉達克里希南的哲學思想以恰當和公正的評價，首先必須闡明當時印度思想界的狀況，因為「每個哲學家在他的時代裡既是創造者又是其時代的產物。」 ❶

　　早在十九世紀中葉，隨着民族獨立和社會改革運動的高漲，在印度思想界便逐漸形成了兩種對立的思潮：一種稱為西方主義或自由主義；另一種稱為東方主義或傳統主義。

　　代表西方主義或自由主義思潮者，具有從事社會改革的極高熱情，他們對於印度社會固有的一切陳規陋習均給予強烈的抨擊，認為只有依靠西方文明才能改造印度。這種思潮最初以羅姆・摩罕・羅易所創建的「梵社」為代表，對促進當時的社會和宗教改革確實起到了積極進步的作用。後來「梵社」幾經分裂，這種思潮又以蓋沙布・錢德拉・森(Keshab Chandra Sen, 1838-1884)所另立的「印度梵社」為代表，該派綜合印度教、基督教和錫克教的教義，宣稱「為上帝服務就是為人類服務」。 他們對傳統採取否定的態度，最終在政治上走向親英政策，提出「印度殖民制度起源於神」， 主張

---

❶　P. T. 拉哲：〈拉達克里希南對印度思想的影響〉，載《拉達克里希南的哲學》，頁515。

印度只能在英國統治下爭取某些權利。

代表東方主義或傳統主義思潮的人，具有強烈的愛國感，他們堅決反對崇拜西方文明，主張發展民族文化，加強民族自豪感和自信心。在政治上則要求擺脫英國的殖民統治，建立獨立自主的聯邦共和國。這種思潮最具代表性的人物是孟加拉的班吉姆・錢德拉・查特吉(Bankim Chandra Chatterjje, 1838-1894)。他們強烈反對英國統治，提倡復古，反對寡婦再嫁。認為一切傳統文化都是好的，甚至有人提出「回到吠陀去」。這種思想在客觀上拖延了改革時間，助長了封建勢力的延續。

長期以來這兩種思潮一直瀰漫在印度思想界的上空，彼此衝撞，時而傳統主義占優勢，時而西方主義占上風。拉達克里希南正是在印度這種東西方思想矛盾和衝突的環境中成長起來的。

至於拉達克里希南本人的經歷，更加使他對這種衝突有着切身的體會。他從小便接受了東方和西方兩種思想體系的教育，正統的印度教家庭傳授給他古老的「吠陀」和「奧義書」的知識；路德高級傳道學校教授他英文和基督教的新舊約「聖經」。當他進入馬德拉斯基督教學院哲學系學習後，歐洲的老師們又不斷影響他，他們批評印度的傳統思想並竭力對他灌輸西方文明，使他對東西方不同的文明在思想上產生困惑，他只好埋頭學習，不停地思索，試圖尋求解決這種矛盾的方法。到加爾各答大學擔任「喬治五世精神和道德哲學」教授之後，由於多次往返於英美各大學之間的講座，使他更多地接觸到西方學者和西方文化，這就更加促使他進行比較哲學研究的決心和信心，在這方面最終成為世界公認的比較哲學大師，成為溝通東西方文化的一位「橋樑建設者」和「聯絡官」。使得拉達克里希南不但在印度哲學界也在世界哲學界中產生了重大的影

響。

在比較哲學方面，拉達克里希南重點做了三方面的工作：

一、將印度哲學和經典著作介紹給西方，他的兩卷本的《印度哲學》，《印度教徒的人生觀》，《理想主義的人生觀》，《印度斯坦的核心》，《宗教和社會》以及對《薄伽梵歌》、《主要奧義書》、《法句經》和《梵經》的英譯和注釋，全面系統地向西方以至向全世界介紹了印度哲學和宗教的發展歷史、主要學說和教義、經典著作及著名人物。既有正統派的六派哲學也有非正統派的各種思想；既有完整的學說和教義也有各種各樣的概念和術語；既有占統治地位的印度教的法，也有佛教、耆那教、錫克教和伊斯蘭教在印度生存和發展的情況。而且在撰寫和敘述的過程中，盡量採用了西方人所熟悉的概念和術語對印度傳統思想加以解釋，從而便於西方人對印度思想的理解。在這個過程中他還極力糾正了西方某些人對印度思想的歪曲，例如有些人把「幻」的學說解釋為「世界是虛假的，是一種虛無」， 從而認為印度哲學是消極的，是對世界和人的價值持否定態度，因此也無所謂道德哲學的存在。針對這種誤解，拉達克里希南重新對「幻」做出詳細的解釋（見本書第三章）， 同時在《薄伽梵歌》的注釋中再次說明：「不活動或不行動並不是（《薄伽梵歌》的）理想。沒有任何私慾或獲得期待的行動，以這種精神去做，亦即『我不是行動者，我是將自我交付給大我』這才是擺在我們面前的理想。」❷

又如某些人對東方哲學強調「整體直觀」的思想提出異議，認為西方哲學是分析的，充滿了理性主義，而東方哲學是非理性的，是神秘主義的。為此，拉達克里希南專門論述了理性和直覺的關係，

---

❷ 《薄伽梵歌注》，頁352。

並且向西方學者指出，在印度哲學中同樣包含著分析的和理性主義
的濃厚因素，如佛教的因明學，正理派的邏輯學，吠檀多的一元論，
大乘瑜伽行派的「五位百法」， 大乘中觀派的空論等等，不但具有
極高的玄學理論，而且對世界哲學的發展都曾起過重大的影響。拉
達克里希南的這些工作，無疑地對西方哲學的發展起到了促進作用，
甚至他被稱為「是西方新文藝復興的哲學家」。

拉達克里希南自己寫道：

> 西方由於忽然意識到它進入一個思想上、外觀上和趣味上全
> 新的世界而正在經歷一場新的文藝復興運動。正如在文藝復
> 興時期，它的思想意識曾被希臘和羅馬的古典文化所啟發而
> 開擴了一樣，今天被亞洲新的遺產所影響（而印度是同它連
> 結在一起的），精神上有了突然的發展。因為第一次在人類歷
> 史上出現了世界統一的認識的曙光。不管我們是否情願，東
> 方和西方已經走到一起不可能再分開了。❸

P. T. 拉哲說：「拉達克里希南本人就是在給西方帶來新的文藝
復興曙光中，起到了不小促進作用的人。」❹

> 他在世界哲學思潮中注入了新的流向，並且為許多年輕一代
> 哲學家的事業開闢了新的途徑，使他們終於認識到東方同西
> 方一樣具有完美的哲學，而生活中的真正哲學將會是把雙方
> 傳統中各自最優秀的因素結合起來。拉達克里希南就是新的

---

❸　《東方宗教和西方思想》，頁115。

❹　《拉達克里希南的哲學》，頁519。

　　文化綜合學派的主要人物，他對世界哲學思想的形成和發展
做出了貢獻。❺

　　的確，由於拉達克里希南的這一工作，使西方學者重新認識了
東方哲學的價值，他們不但在《大英百科全書》的再版中專門新設
了《印度哲學》條目，而且在不少大學開設了梵文、印度哲學和宗
教，甚至東方哲學的課程和講座，在西方也開展了東西方哲學的比
較研究，這對促進世界哲學的發展，拉達克里希南也應享有一定的
聲譽。

　　二、將西方哲學批判地介紹給印度。拉達克里希南曾經寫過〈柏
格森的思想和上帝〉、〈詹姆斯・沃德的多神論〉、〈柏格森與絕對唯
心論〉、〈在現代哲學中宗教的優勢〉等文章和專著，並對古希臘、
羅馬、中世紀的基督教哲學以及近現代的歐美哲學和神學都有廣泛
的研究。對於這些形形色色的西方思想，尤其是對近現代的西方各
種主義和學說，他都能緊緊抓住它們的本質，進行深入地探討和揭
示。他認為儘管人們的思想類型不同，但是畢竟在基本經驗方面是
相同的，哲學應該是這些經驗的總結。因此，他向印度人民介紹了
西方在科學技術方面的新成就；在宇宙觀方面的種種新論點，如自
然主義、辯證唯物主義、創造進化論、神性觀、本初進化論等等；
在宗教觀方面西方先知先哲對「上帝」的各種體驗等。在介紹的同
時，他還進行分析和批判，有的給予肯定，有的則指出該學說的不
妥和缺陷，這樣做的結果，不但讓印度人了解西方，也讓持西方主
義觀點的人們認識到西方並非都是對的，同時也讓持傳統主義觀點
的人們認識到西方也有許多先進的、合理的東西，印度並非全是好

---

❺　同上，頁515。

的。正是在拉達克里希南的倡導下，印度的著名大學尤其是加爾各答大學也專門組織了比較哲學研究小組，培養了東西方比較哲學的研究生。

三、將東西方哲學進行綜合的研究和評估。P. T. 拉哲認為在比較哲學領域曾出現過三種類型，第一種是將哲學思想作為現象學進行比較研究，這種觀點是由馬森‧烏塞耳 (Masson Oursel) 在他的《比較哲學》一書中提出的。由不同的哲學家研究他們的環境並按其作用去解釋和判斷。第二種是對不同學派、體系或哲學家進行比較，但不一定是在不同的傳統間，也可以在同一傳統內。第三種是從研究和評價世界兩個主要思潮——西方的和印度的哲學體系之間的同、異開始的，主要目的在於協調和綜合這兩大傳統所代表的人生基本價值。這種比較研究是作為東西方哲學和文化衝突的結果而產生的，拉達克里希南的研究工作就屬於第三種類型。

拉達克里希南以綜合和批判的態度撰寫了《東西方宗教》、《東方宗教和西方思想》、《宗教的共性》、《印度思想與基督教教義》、《宗教與世界聯合》、《精神的宗教和世界的需要》、《哲學史：東方和西方》等著作和論文。在這些著作中他一方面批判地研究了印度古代的哲學體系；另一方面通過與西方哲學的比較，找出同異，最終達到對東西方思想的公平合理地評價並獲得兼收並蓄的目的。拉達克里希南曾說過：印度古代

> 這些體系的創始人被崇奉為神，研究印度哲學將有助於弄清情況，採用更為穩妥的觀點，並從古代一切都好的沉重觀念中把思想解放出來。❻

---

❻ 《印度哲學》，卷一，頁55。

他認為古代哲學是在精神的氣氛中產生和發展起來的，它們是同內在的精神實體有著特殊關係的人生哲學，這些精神真理的發現者是真正偉大的先知和聖者，他們絕不會反對以批判的態度去合理地理解精神實體，所以對古代哲學的研究應具有歷史的和現實的兩種觀點，既要了解它的歷史意義，人生價值的涵義，也要從現代的觀點加以評價。事實上，在印度哲學的發展過程中，下面這一特點是十分明顯的，即很多著名學者明明已經發展了某一學派的學說，但是他們並不突出自己的名字，而自稱是某某派的信徒。如果認為印度哲學著作總是以某部經的注、附注、疏、附疏……的形式出現，從而得出印度哲學始終如一，沒有新的發展的結論，那是極端錯誤的。這正像印度六派哲學都說以「吠陀」為最高權威，但是實際上卻發展成一元論、二元論、多元實在論等不同的觀點。這足以說明古代聖者是堅持發展的眼光，並不是因循守舊一成不變的。所以我們今天也應以發展的觀點來吸收一切優秀的思想，用以改造和完善我們傳統的觀念。

拉達克里希南看到今天的世界，尤其是在第二次世界大戰之後，東西方的距離越來越小了，世界已經成為一個整體。就哲學來說，它最初的涵義是「愛智慧」，而哲學家則是一切存在的旁觀者，這是希臘哲學和希臘哲學家的觀點。但是到了後來，尤其是十八、十九世紀，哲學卻成為民族的文化，失去其原有的普遍性意義。這是因為哲學涉及經驗問題，而經驗又常常被塗上民族的和種族的生存條件的色彩。更因為存在的不同樣式似乎已是不同時代和不同民族的基礎，所以做為文化和文明中心的哲學也承襲了不同的模式。這種情況，當世界各個國家處在孤立狀態時，各民族的哲學家只能用他們特有的思想去行動。但是在今天當世界成為一體時，再以

宗教或種族的、國家或政治的名義，將自己與世隔絕起來，這些人便不能促進人類的進步，只能阻礙它。**❼**

拉達克里希南說：

> 一切人們現在的樣式和習慣都是所有人們思想意識的一部分。人已經成為人的旁觀者。新的人道主義正在地平線上升起，但此時它已包括整個人類。**❽**

又說：

> 我們這一代最重要的任務便是賦予世界意識以靈魂，為世界靈魂所表現出的創造性發展必要的理想和制度，並把這種忠誠和熱情傳給未來一代，把他們培養成為世界公民。**❾**

拉達克里希南正是本着這種精神來進行比較哲學研究的，他審視了印度哲學和印度教的弊端，如種姓制度、偶像崇拜、消極遁世以及教派主義等等。他也吸收了西方的人道主義和直覺論，並將西方的思想融匯於印度傳統思想中。採取了以印度為體，以西方為用的方法，豐富了印度原有的哲學。這種比較哲學的研究方法，目前已被印度學者廣泛接受。

除了在比較哲學方面，拉達克里希南對世界和印度哲學的發展

---

❼　《宗教和社會》，頁18。
❽　《東方宗教和西方思想》，前言vii。
❾　同上，前言VIII　。

做出了突出的貢獻外，他還在發展吠檀多不二論、直覺論、新人道主義和精神宗教方面做出了一定的貢獻。

儘管有人評論說，要是從真正的哲學觀念上看，拉達克里希南不能算是一位哲學家，因為他沒有提出任何新的，與當時流行的思想體系有所區別的學說或主義。他只能稱為哲學史家或者是印度哲學的編年史家。也有人說，他所宣揚的直覺證悟的方法是「理智騙人」的最高形式，他是以自己的才能，用西方理性主義的純潔之花修飾了不能發育的東方的神秘主義，這種觀點最終會導向不可知論❿。

的確，對一位哲學家，特別是一位傑出的人物，做出公正而恰當的評價實非易事。由於人們的立場、觀點和方法不同，也由於對評論的對象了解的深度不同，必然會得出這樣或那樣，甚至是相反的結論。但是我們相信，隨著時間的延續和歷史的見證，終歸會按照客觀的標準，得出正確而穩妥的結論。對於拉達克里希南的看法正是如此，現在人們已普遍認為他不但是東西方文化和文明綜合的設計師，也是印度古典吠檀多不二論哲學的發展者和現代哲學的創新者之一。

關於他對商羯羅所提出的「幻論」的解釋，本書第三章已做了詳細敘述，這裡不再重複。唯一要說明的是，印度現代哲學家現已普遍認為「世界為幻」並不等於「世界是虛幻不實」，「世界是無」，「幻」只意味著「剎那生滅，變幻無常」，或者它相對於永恆的實體來說是「不實在」的，世界是相對的「幻」，相對的「無」。例如羅賓德拉納特・泰戈爾就曾說過：

❿　這些評論可參見K.S.穆蒂著《拉達克里希南：他的生平和思想》第16章。

在茹卜那倫的河岸上，

我起來，清醒著：

這個世界，我承認，不是一個幻夢。⓫

他又說：

你視無限的星空、廣漠的大地為虛妄，

豈不知大地的懷抱世世代代哺育了多少生命。

無數的生靈組成了欣欣向榮的大千世界。⓬

泰戈爾還問道：

誰這樣虛偽地渲染，竟敢將一切——人類的偉大世界、正在
發展的人類文明、人類為了贏得權力的勝利，經過深沉的痛
苦、極大的歡喜、經過內外無數的障礙物而獲得的人類的永
恆成果——稱為不真實呢？那種認為這無限的偉業是莫大的
欺騙的人，能真正相信至高神就是真理嗎？⓭

又如奧羅賓多・高士(Aurobindo Ghose, 1872-1950)也曾說過：

⓫ 《泰戈爾選集・詩集》「詩選」第126首，謝冰心譯，1958年，人民文
學出版社，北京。

⓬ 克里希那・克里巴拉尼：《泰戈爾傳》，頁190-191，倪培耕譯，1984年，
灕江出版社，南寧。

⓭ 羅賓德拉納特・泰戈爾：《人生的親證》(*Sādhanā*)，頁110，1988年，
Macmillan, Madras。

「摩耶」的理論，在虛幻或宇宙存在之不真實的義度下，比牠所解決的又造出更多底困難來了；牠不真解決存在的問題，卻將其變到永遠不能解決。因為，不論「摩耶」是一非真實，或一非真實底真實，這理論的究竟效果，皆帶了一簡單底破壞，將一切銷歸於零。我們自己和萬事萬物，皆消逝而歸烏有，或否則只在一短時期裡保住一點真理，比假造的差不多遠。在「摩耶」之純粹非真實性的主題中，則一切經驗，一切明一如一切無明，解脫我們的知識不下於纏縛我們的愚昧，接受世俗與棄拒世俗，皆一虛幻的兩方面：因為沒有什麼可接受或棄拒的，亦無接受或棄拒之的人。❶

不妥協底「幻有論」，未嘗解決我們的存在的問題；牠只替個人割去了問題，由指示他一條遁路：在其極端底形式和效果上，我們的有體及其作用皆化為零，且無認可，其經驗，企慕，努力，皆失去了意義；……。❶

拉達克里希南儘管被稱為是商羯羅的信徒，但是在「世界為幻」的論點上，卻早已越過商羯羅的界限，和印度現代哲學家一樣，都把世界視為真實的存在，肯定了行為的意義和人生的價值，這畢竟是時代的要求，科學進步的要求。

關於拉達克里希南新的人道主義思想，P. T. 拉哲說，這是他的人生哲學的核心。這種思想在印度已深入到人們的生活和思想中。但是新的人道主義具有哪些特徵呢？拉達克里希南提出「新的人道

---

❶　室利·阿羅頻多：《神聖人生論》，頁466，徐梵澄譯，1984年，商務印書館，北京。

❶　同上，頁467。

主義在地平線上升起」， 那麼，他心目中的人道主義又意味著什麼呢？據拉哲分析，人道主義有各種類型，有文化的、宗教的、哲學的和政治的。例如美國杜威的人道主義，可以稱為文化的人道主義，他把人看成是哲學的中心和立腳點；朱利安·赫胥黎的人道主義可以稱為新科學思維和進化論的人道主義。但是不論是杜威還是赫胥黎在運用人道主義這一詞意時，其觀點還是模糊的。

P. T. 拉哲認為拉達克里希南的新人道主義，不但要識別人的物質的、生物的、心理的和社會的本性，而且要識別人的精神本性。這種新的人道主義必定是批判的人道主義，即公正地對待人的尊嚴和人類理性的真理，同時也不忽視被世界上偉大的宗教所揭示的人的內在心靈。因此它不是樸素的而是批判的。只有運用這種批判的人道主義，才能正確評價印度古代哲學和西方現代哲學，從中發現人的內在精神的共性。

從這種新的人道主義來審視印度哲學，我們可以發現，印度並非不重視人的價值，印度的先哲們已竭盡全力為揭示人的精神本質而做出了貢獻，他們通過現實的、生物的人，不但揭示出人的心理要素而且深入到人的內心，揭示出人的精神本性，即發現在人的小我中蘊含着大我（普遍的人性）， 為此而肯定了人生的價值和行動的價值。對此，拉達克里希南總結說：

> 連上帝都同意為宇宙萬物工作時，人卻停下來不分擔世界上的工作，這是不合理的。而且，只要人活著，他甚至一刻也不能停止不活動，對上帝的愛表現在對它自己創造物的愛。聖人不是在自私的意識中關心自己的靈魂，或是在利他的意識中關心別人，也不是在以神為中心的意識中讚美他的寂寞

的靈魂中的上帝。他立在宇宙的中心，在那裡他自己和別人生活、行動並享有他們的生命，他感到宇宙廣闊無垠的命運。問題不是我將做什麼去獲得拯救，而是我要在什麼樣的精神中去做。靈魂的超脫和對世界的執著便是對我們的要求。⓰

他強調對待人類價值的態度必須是積極的，但是重點在於探索人類精神的價值，只要我們沿着這條路線走下去，便會使人類的過去和現在，東方和西方互相調和起來。

　　在認識論方面，印度古代的聖典吠陀和奧義書大多反映了先哲們的直接經驗和直觀認識，他們曾以對世界和人生的最樸素的觀察（見）得出某些樸素的真理。後來，隨著人類思維能力的不斷發展和觀察手段的逐漸進步，便產生了系統的邏輯理論和認識理論，如勝論和正理論的邏輯學，佛教的因明學，耆那教的判斷學等。這些理論又在各派學說的衝突和爭論中不斷改造、完善，最終形成古典哲學的認識論。這些學說一般都承認人的認識來源有四種：即感性認識、理性認識、類比認識和證言認識。類比指同類和異類的比較，證言指聖典和聖人的言論。對感性認識和理性認識的理解則是簡單而樸素的。譬如正理論的推理形式為五段論法，舉例來說：

　　此山有火，（命題）

　　因為山上有煙，（理由）

　　凡是冒煙地方必有火，如灶，（例證）

　　而現在此山冒煙，（應用）

　　所以此山有火。（結論）

⓰　《東方宗教和西方思想》，頁101。

此五段論由宗、因、喻、合、結組成，其中包括了感性認識的基礎，理性認識的推理，和類比認識的例證。

耆那教的判斷理論稱為或然論，採取七種判斷形式，在每種判斷形式之前都貫以「或許」二字。他們認為客觀事物是複雜的，由於看問題的時間和空間不同，很可能得出不同的結論，因此不能採取絕對的一端說，是或不是，而應在有，無，亦有亦無，非有非無，有・不可言，無・不可言，有・無・不可言七種判斷之前加上「或許」、「大概」諸詞，以表示真理具有多面性。

這種樸素的認識形式和認識方法，到了近代由於西方理性主義的盛行和在印度的傳播，使古老的認識論有了新的發展，對人類思維的全過程有了更加清晰的分析和說明。如將人類認識析分為感覺、知覺、表象、直觀、想像、理性和直覺等。拉達克里希南的貢獻並不在於承認這些不同的認識途徑和說明它們各自的特點，而在於他重點論述了直覺和「直覺與理性」的關係。

直覺(intuition)，是人的一種創造性的心理活動和認識能力。一般指沒有經過嚴格的邏輯推理和演繹過程而直接獲得知識的認識能力❶。在哲學史上，對「直覺」有理性和非理性的不同解釋。十七、十八世紀的唯理論哲學家，大都認為直覺是人的理智的一種活動，通過它能發現作為推理起點的無可懷疑而清晰明白的概念；理性直覺是理性認識活動的最高表現，是邏輯思維的前提和結果。如笛卡爾、斯賓諾莎和萊布尼茲都認為直覺是理性的產物，是認識理性真理的能力。在近、現代西方哲學和心理學中，又常常把直覺看成是一種神秘的、與邏輯思維的實踐不相容的非理性的認識能力。如柏格森認為，直覺就是一種理智的交融，這種交融使人們自己置身於

❶　《哲學大辭典》，頁949，1992年，上海辭書出版社，上海。

對象之內。尼采把直覺和理性對立起來，強調直覺是判斷真理的標準。弗洛伊德則把直覺當作一種潛意識，成為一切創造活動的原則。

拉達克里希南則調和了理性和直覺的關係，他認為直覺高於理性，它是理性認識的完成。在人的認識過程中，單純的感覺不能揭示對象的「為什麼」，知覺能做到，因為知覺高於感覺，它是人對客觀事物表面現象和外部聯繫的綜合整體的反映。在想像中，對象是不存在的，它只有精神的存在，因為想像是創造新形象的思維過程。理性認識需要驗證，因為儘管理性思維能揭示出實在，但是思維和實在存在於不同的經驗水平上。「直覺揭示的不是某種教義而是意識，它是一種精神狀態而不是確定的對象，邏輯和語言是低級形式，是這種認識的縮小。」⓲ 而直覺能獲得實在的全貌，它們最高級的表現是在宗教中。拉達克里希南又說：

> 理性和直覺兩種認識都有自己的權利為自己辯護。各自都有用處並有它們自己的特定目的。邏輯的認識使我們能夠了解我們生活的世界狀況，並為我們的目的去控制它。沒有相當的了解我們便不能成功地行動。但是如果我們想要在它們唯一的消除不掉的實在中去了解事物，我們必須超越漫無邊際的思想。直接的感知或者單純而堅定地看著一個目標，這就是直觀（或直覺）。它不是一種神秘的過程而是可能對人類內心最直接的考查。直覺對於理性多少有些像理性對於感覺的關係。雖然直覺超越理性，但它們不是對立的，它被稱為全知，或者說是完全的認識，是對整體經驗所反映的認識。⓳

⓲　《理想主義的人生觀》，頁138。

⓳　同上，頁146。

　　這就是拉達克里希南對直覺和理性關係的解釋，它給印度思想界特別是只重理性忽視直觀的吠檀多哲學家留下了深刻的印象。

　　最後是關於他的精神宗教的論斷。在印度自古以來便重視人的精神生活，提倡精神的修煉。據考古發現在距今四、五千年的印度河文明時期，從摩亨佐·達羅和哈拉帕的出土文物中便有濕婆修瑜伽的雕塑形象。在奧義書中已逐漸明確「梵我如一」的思想，強調人的內在精神在本質上與神（梵）同一。並且詳細闡述了瑜伽修煉的最佳條件、姿勢和要求，以及最終要達到的目的。例如《白騾奧義書》有如下詩句：

> 三體安正直，
> 軀幹定然兀，
> 心內收意識。
> 如此大梵筏，
> 可怖諸急流，
> 智者當度越。（二、八）

> 氣息和體中，
> 動作皆調適，
> 輕微露鼻息。
> 意念如野馬，
> 智者當羈勒，
> 制之不放逸。（二、九）

> 清潔平正地，

無石、火、塵沙，
土壤不潮濕，
其處無喧譁，
於意可安悅，
在目無損遮，
避風清淨居，
擇此行瑜伽。（二、十）

霧、煙、日、風、火，
飛螢，與閃電，
琉璃，與日光，
此等幻相見，
在修瑜伽時，
先於梵顯現。（二、十一）

地，水，火，風，空，
五德瑜伽起，
得瑜伽火身，
乃無老病死。（二、十二）

身輕得康健，
寡慾顏數愉，
聲和吐氣清，
出體少濁汗，
謂言此諸相，

初上瑜伽途。(二、十三)

如鏡蒙埃塵
拂拭生光輝。
有身見靈性,
得一憂自違。(二、十四)

修士以靈性,
譬若鐙光明,
如實見大梵,
無生自恆貞;
萬有之自性,
無玷彼潔清;
既知此一神,
盡解諸繫縈。(二、十五)　[20]

　　到六派哲學形成時期(西元前二世紀至西元後二世紀),　系統
的瑜伽派哲學已成為獨立的學派,他們提出了「瑜伽八支行法」和
瑜伽修煉的最終目的——即消除煩惱,達到神我的獨存。
　　其實,追求精神的解脫,實行自我身心的瑜伽修煉,並不是瑜
伽派哲學的專利。在印度任何宗教和任何宗教哲學,最終都以解脫
為目標,修煉的方法也是多種多樣的。所以拉達克里希南所提倡的
精神宗教並非新的獨創,可謂淵源有自,它原是古代哲學和宗教的

---

[20]　《五十奧義書》,頁392-394,徐梵澄譯,1984年,中國社會科學出版
　　　社,北京。

中心思想，不只是貫穿在印度教和正統派的哲學中，也貫穿在非正統的佛教和耆那教中。

　　然而，拉達克里希南在現代強調要建立精神的宗教是有其最新意義的，這就是要以普遍的精神的宗教代替已經僵化的、教條式的、集團化的宗教。他清楚地看到現有的宗教已經失去了宗教的本意，它們不再是人類精神生活的慰藉，而成為被少數人操縱和利用的教派，它們不再注重人們精神生活的需要，而在穿衣吃飯等生活細節上束縛人們的手腳。教條主義、教派主義、形式主義成為當今世界各種宗教的思想傾向。因此，拉達克里希南才提出了恢復宗教信仰、重建精神宗教的口號，其目的正是針對現存宗教已經背叛了宗教的原意而提出來的。就這一點來說，他提倡建立人類普遍的精神的宗教是有積極意義的。

　　但是，我們也知道，在當前情況下，想依靠宗教來解決社會問題和政治問題幾乎是不可能的，因為宗教畢竟只是人類意識形態的一個部分，它不能決定一切，更不能解決人類生活所依存的經濟基礎問題，所以「精神的宗教」歸根結柢只能是一種理想，或許也能為教條主義者和教派主義者敲響一次警鐘。

　　拉達克里希南是一位偉大的哲學家和東、西方哲學與宗教的比較學家，他的淵博的知識，有創造性的深刻見解以及多方面的活動能力表現出當代印度的智慧，他在溝通東西方的文化思想方面具有不可磨滅的歷史功績，人們是不會忘記他的。

後　記

　　在本書已經交稿之後，我又收到哲學界老前輩，中國人民大學著名中國哲學史家石峻教授贈予的拉達克里希南和查爾斯·摩爾合編的A Source　Book in Indian Philosophy 一書的英文原版複印本。對此我衷心地致以謝意，感謝石峻教授對我研究工作的支持與關懷。

作者　於美國紐約州

1996.4.2

拉達克里希南年表

1888年　9月5日，薩爾維巴里·拉達克里希南誕生於南印度安得拉邦與泰米爾納杜邦交界處的蒂魯塔尼鎮。是他父母的次子。

1896年　進入蒂魯帕蒂的路德高級傳道學校。

1900年　進入維洛爾的沃爾希斯學院。

1903年　5月，與遠房堂妹悉瓦卡姆結婚。

1905年　進入馬德拉斯的基督教學院，學習哲學。

1908年　完成碩士論文〈吠檀多的倫理學和它的玄學先決條件〉。
　　　　發表兩篇論文：〈業和自由意志〉，〈印度哲學——吠陀與六派〉。

1909年　通過碩士論文。由馬德拉斯基督教學院畢業後，被委任到馬德拉斯省立學院任教，擔任精神和道德科學系的哲學課程。

1910年　進入泰米爾納杜邦賽達佩特市教師學院進修，回來後教授心理學。
　　　　同年發表了如下論文：〈希臘倫理學中的本性與習俗〉，〈自我主義和利他主義〉，〈教育中的美德和宗教〉。

1911年　獲得精神和倫理學終身副教授職位。

在《國際倫理學》季刊上發表論文〈薄伽梵歌和康德的倫理學〉。

1912年　牛津大學出版社將他的心理學講義印成單行本《心理學的本質》。

1914年　在《國際倫理學》季刊上發表兩篇論文〈吠檀多的倫理學〉，〈吠檀多哲學和「幻」的學說〉。

1915年　首次會見聖雄甘地。

在《亞洲評論》上發表〈印度人關於戰爭的觀點〉（Ⅰ），續篇被檢查官扣押，其理由是不准發表反戰文章。

1916年　被提升為教授，委任到安得拉邦拉賈芒德里藝術學院任教。

在《國際倫理學》季刊上發表〈宗教與生活〉，在《求索》上發表〈柏格森的思想及上帝〉，在《一元論》上發表〈吠檀多引向真實〉。

1917年　完成第一部專著《羅賓德拉納特・泰戈爾的哲學》，並在《求索》雜誌上連載。

在《思想》雜誌上發表〈柏格森的哲學是一元論嗎?〉

1918年　7月，他調入剛成立不久的邁索爾大學並被提升為帝國等級的教授。英國麥克米倫公司正式出版《羅賓德拉納特・泰戈爾的哲學》。

在《印度哲學評論》上連續發表論文〈詹姆斯・沃德的多元論的一神論〉。

1919年　在《思想》雜誌上連載論文〈柏格森與絕對唯心論〉。

1920年　倫敦麥克米倫公司出版了他的第二部專著《在現代哲學中宗教的優勢》。

在《印度哲學評論》上發表論文〈奧義書的玄學〉和〈鮑桑葵的含蓄與一次推理的評論〉。

在邁索爾大學學刊上發表論文〈宗教的未來〉。

1921年　調入加爾各答大學，擔任「英王喬治五世精神和道德哲學」教授。

發表了三篇論文：〈甘地與泰戈爾〉，〈宗教與哲學〉，〈提拉克是一位東方學者〉。

1922年　發表三篇著作：〈印度教的核心〉，〈印度教的法〉，〈現代哲學〉。

1923年　英國倫敦喬治・艾倫和昂溫有限公司出版了他的巨著《印度哲學》第一卷。

發表兩篇論文：〈伊斯蘭和印度思想〉，〈宗教的共性〉。

1924年　發表兩篇論文：〈印度思想與基督教教義〉，〈印度人關於神的觀念〉。

1925年　12月，印度哲學大會正式召開，被選為常設機構主席，連任到1937年。

1926年　赴英國牛津大學曼徹斯特學院，擔任厄普頓講座講師，主講〈印度教徒的人生觀〉，於同年正式出版成冊。在劍橋大學倫理科學俱樂部，主講〈印度教的哲學基礎〉。

8月，從英國轉入美國，在芝加哥大學主講〈印度教的哲學〉。

9月13至17日，參加第六屆國際哲學大會，提交兩篇論文〈在文明史中哲學的作用〉，〈幻的理論：某些問題〉。

1927年　英國倫敦喬治・艾倫和昂溫有限公司出版《印度哲學》第二卷。

在安得拉大學集會上發表演說〈大學生與民族生命〉。

在加爾各答大學創立「人文學科俱樂部」。

被選為孟加拉教師聯合會會長。

1928年　出版《我們需要宗教》，該書是《神與當代世界》叢書的組成部分，由倫敦歐內斯特・本主編。

冬季，首次會見尼赫魯。

發表兩篇文章，〈印度哲學——注釋〉，是對E.J.托馬斯印度哲學觀的答覆。〈改革和它的涵義〉，投稿於《新紀元》雜誌。

1929年　倫敦肯根・保羅公司出版他的專著《文明的未來》(Kalki)。

為英國大百科全書第14版撰寫「印度哲學」條目。

10月，赴英國牛津大學曼徹斯特學院參加厄普頓比較宗教學講座，主講《東西方宗教》。

11月，為基督教徒佈道，題為〈渾沌與創造〉。

12月，參加牛津大學曼徹斯特學院希伯特講座，主講《理想主義的人生觀》。

1930年　繼續在英國講學，參加喬伊特講座，仍然主講《東西方宗教》。

再次為基督徒佈道，題為〈改革要經過痛苦〉。

為倫敦印度學生之家演講，題為〈知識分子的責任〉。

10月，從英國回印度，途經錫蘭科倫坡，發表〈佛陀的使命〉演講。

10月10日，在印度邁索爾大學集會上發表〈教育與民族主義〉的演說。

12月23日，在旁遮普大學集會上發表〈為領導能力而訓練〉

的演說。

1931年　調入安得拉大學任副校長。

1933年　《東西方宗教》在倫敦正式出版。

1936年　《自由與文化》在馬德拉斯出版。

《印度斯坦的核心》在馬德拉斯出版。

再次赴英國牛津大學講學，擔任斯波爾丁「東方宗教和倫理學」教授，主講〈東方宗教和西方思想〉。議定每年1-6月講學半年，其餘時間可在印度安排。為此他辭去安得拉大學副校長職位，仍回加爾各答大學任「英王喬治五世精神和道德哲學」教授。

在英國除講學外，還發表〈精神自由和新教育〉演講。

1937年　在英國哲學研究所晚會上，發表〈進步和精神價值〉的演說。

在皇家藝術社紀念喬治伯德伍德先生的會上，發表〈神秘主義和印度思想〉演說。

《我對真理的追求》在紐約出版。

在世界教育大會上發表〈教育和精神自由〉演說。

1938年　《喬答摩‧佛陀》在英國倫敦出版。

在世界信仰大會上發表演說〈宗教的復興──印度人的觀點〉。

在全印廣播電臺發表演說〈宗教：懇求公正〉。

在貝拿勒斯印度教大學集會上發表演說〈宗教和政治〉。

在安得拉群眾大會上發表演說〈民主，一種思想的氣質〉。

1939年　《東方宗教和西方思想》在倫敦出版。

為紀念聖雄甘地七十誕辰，主編紀念文集。

4月，在南非廣播電臺發表演說〈南非的未來〉和〈文明與正義〉。

7月，回到印度，調入貝拿勒斯印度教大學任副校長。

12月，在全印教育大會上發表演說〈文化無國度〉。

在紀念中國日中，向全印廣播電臺發表演說〈印度和中國〉。

1940年　在巴特拿大學集會上發表演說〈教育、政治和戰爭〉。

1941年　在達卡大學演講〈印度教徒與穆斯林的關係〉。

2月，在拉合爾印度青年聯盟年會上發表演說〈唯有真理才能獲勝〉。

10月，在孟買印度明學院發表演說〈真正的自由〉。

11月，在亞格拉大學發表講話〈教育的目的〉。

1942年　11月，在貝拿勒斯印度教大學集會上演講〈自由是深入地和基本的嗎?〉。

12月，在海德拉巴德大學集會上演講〈大學生〉。

1943年　在貝拿勒斯，全印東方大會第12次會議上演說〈印度的世襲財富〉。

1944年　5月6日至21日，應中印學會邀請赴中國重慶講學，主講〈印度和中國〉，於同年在孟買出版。

《教育，政治和戰爭》在浦那出版。

在加爾各答大學集會上演講，題為〈孟加拉飢荒與印度政策〉。

1945年　9月，在貝拿勒斯印度教大學集會上演講〈這是和平嗎?〉。

在齋普爾國際筆會 (P. E. N.) 上演講〈文學中道德的價值〉。

1946年　率印度代表團參加聯合國教科文組織工作，任期8年。並
　　　　參加巴黎會議。

1947年　《宗教和社會》在英國倫敦出版。

　　　　2月，在英國B. B. C. 電臺發表講話，題為〈印度的影響〉。

　　　　3月，在全印廣播電臺發表演講〈亞細亞精神〉。

　　　　8月15日，在全印廣播電臺發表〈獨立日演說〉。

　　　　11月，率印度代表團參加聯合國教科文組織在墨西哥召開
　　　　的第二屆大會。

1948年　《薄伽梵歌注》在倫敦出版。

　　　　2月，在英國全靈學院佈道，題為〈聖雄甘地〉。

　　　　率印度代表團參加聯合國教科文組織在貝魯特召開的第
　　　　三屆大會。

1949年　任印度駐蘇聯大使，任期四年。

　　　　率印度代表團參加聯合國教科文組織在巴黎召開的第四
　　　　屆年會。

1950年　《法句經注》在倫敦出版。

　　　　率印度代表團參加聯合國教科文組織在佛羅倫薩召開的
　　　　第五屆大會。

　　　　12月，在加爾各答印度哲學大會上發表演講〈科學和哲
　　　　學〉。

1951年　1月，在印度高哈蒂大學演講，題為〈民主精神〉。

　　　　4月，為希伯特雜誌撰文〈宗教與世界聯合〉。

1952年　任印度副總統，直到1962年。

　　　　參加印度哲學大會二十五週年大會，被選為總主席。

　　　　紐約出版「在世哲學家叢書」，其中唯一的一位非西方哲

學家是拉達克里希南。該叢書將《S. 拉達克里希南的哲學》
列為其中一卷，包括拉氏所著兩篇文章：〈精神的宗教和
世界的需要〉和〈對評論的回答〉。

拉達克里希南的比較哲學專著：《哲學史：東方和西方》
在倫敦出版。

1953年　兼任德里大學校長。

主編《主要奧義書》。

1955年　《信仰的再現》在紐約出版。

1956年　印度政府編輯出版了他的第一部演講與著作集，包括
1952年10月至1956年1月的活動記錄。

《東方和西方》在倫敦出版。

1957年　印度政府將他1956年2月至1957年2月的演講和著作編輯
出版。

與查爾斯・摩爾合作，編輯出版《印度哲學原始資料集》。

9月18日至26日應中國政府邀請訪問中國。

1958年　《人的精神》在倫敦出版。

1959年　《梵經：生命的哲學》在倫敦出版。

1960年　印度政府匯編出版了他的演講與著作集，時間從1952年
10月至1959年2月。

與P. T. 拉哲合作，主編《人的概念》。

1961年　《共同的精神》在哈佛大學出版。

1962年　任印度總統。

為紀念羅・泰戈爾誕辰一百周年，發表兩篇論文：〈哲學
家泰戈爾〉，〈泰戈爾與神的親證〉。

1963年　為紀念辨喜，發表文章〈斯瓦米・帷韋卡南達——一位神

聖「邏各斯」的代言人〉。

印度政府為他編輯出版第三部演講和著作集，時間自
1959年7月至1962年5月。

1965年　印度政府為他編輯出版了《總統拉達克里希南演講與著作
集》，自1962年5月至1964年5月。

1967年　印度政府為他續編了《總統拉達克里希南演講與著作集》，
自1964年5月至1967年5月。

《在變化世界中的宗教》在倫敦出版。

撰寫《印度人對宗教問題的探討》，載查爾斯・摩爾主編
的《印度思想》中。

之後隱退，不再擔任政府職務。

1968年　出版《宗教與文化》。

1973年　出版《我們的世襲財富》。

1975年　出版《創造的生命》。

4月17日，拉達克里希南在泰米爾納杜邦的邁拉波爾因病
逝世，享年87歲。

參考書目

(一) 中文書目

1. 《外國經濟史》　樊亢、宋則行主編
   人民出版社　1981年　北京

2. 《印度近現代哲學》　黃心川著
   商務印書館　1989年　北京

3. 《高級印度史》　R. C. 馬宗達等著，張澍霖等譯
   商務印書館　1986年　北京

4. 《印度的發現》　J. 尼赫魯著，齊文譯
   世界知識出版社　1956年　北京

5. 《印度現代哲學》　B. K. 拉爾著，朱明忠譯
   商務印書館　1991年　北京

6. 《中西印哲學文集》　張君勱著，程文熙編
   臺灣學生書局印行　1981年　臺北

7. 《中印人民友好關係史》　林承節著
   北京大學出版社　1993年　北京

8. 《印度哲學史》　黃心川著

　　商務印書館　1989年　北京

9.　《印度哲學》　姚衛群編著
　　北京大學出版社　1992年　北京

10.　《五十奧義書》　徐梵澄譯
　　中國社會科學出版社　1984年　北京

11.　《現代西方哲學》　劉放桐等編著
　　人民出版社　1981年　北京

12.　《摩奴法論》　蔣忠新譯
　　中國社會科學出版社　1986年　北京

13.　《諸子集成》三
　　中華書局　1986年第5版　北京

14.　《簡明不列顛百科全書》（中文版）第1—10卷
　　中國大百科全書出版社　1986年　北京

（二）英文書目

1.　*S. Radhakrishnan His Life and Ideas* by K. Satchidananda Murty Ashok Vohra　Delhi　1991

2.　*Radhakrishnan A Biography* by Sarvepalli Gopal　New Delhi 1989

3.　*Radhakrishnan A Religious Biography* by Robert N. Minor State University of New York 1987

4.　*Radhakrishnan Centenary Volume* by G. Parthasarathi　D. P. Chattopadhyaya　Delhi　1989

5.　*The Hindu View Of Life* by S. Radhakrishnan　Oxford　1926

6. *True Knowledge* by S. Radhakrishnan Delhi 1990

7. *Indian Religious* by S. Radhakrishnan Delhi 1988

8. *The Creative Life* by S. Radhakrishnan Delhi 1987

9. *Religion and Culture* by S. Radhakrishnan Delhi 1987

10. *Eastern Religious and Western Thought* by S. Radhakrishnan New Delhi 1983

11. *Indian Philosophy* Centenary Edition, Volume Two by S. Radhakrishnan New Delhi 1992

12. *My Search for Truth* by S. Radhakrishnan New Delhi 1977

13. *Occasional Speeches and Writings* 1952.10——1956.1 1956.2 ——1957.2 by S. Radhakrishnan Delhi 1957

14. *The Concept of Man in Rabindranath Tagore and Sarvepalli Radhakrishnan* by V. Narayan Karan Reddy Bangalore 1973

15. *The Philosophy of Sarvepalli Radhakrishnan* by Paul Arthur Schilpp Delhi 1992

16. *Basic Writings of S. Radhakrishnan* by Robert A. Mcdermott Bombay 1987

17. *A Source Book in Indian Philosophy* by S. Radhakrishnan and Charles A. Moore New Jersey 1957

18. *History of Philosophy: Eastern and Western* by S. Radhakrishnan London 1952

19. *An Idealist View of Life* by S. Radhakrishnan London 1947

20. *East and West in Religion* by S. Radhakrishnan London 1954

21. *East and West(Some Reflections)* by Radhakrishnan New York 1956

22. *Religion and Society* by S. Radhakrishnan London 1956

23. *Radhakrishnan and the Ways of oneness of East and West* by Troy Wilson Organ Ohio University 1989

索 引

十四劃

十五劃

十六劃

十七劃

十九劃

二十劃

世界哲學家叢書（一）

書　　　　名	作　　者	出　版　狀　況
孔　　　　子	韋　政　通	排　印　中
孟　　　　子	黃　俊　傑	已　出　版
荀　　　　子	趙　士　林	撰　稿　中
老　　　　子	劉　笑　敢	撰　稿　中
莊　　　　子	吳　光　明	已　出　版
墨　　　　子	王　讚　源	排　印　中
公　孫　龍　子	馮　耀　明	撰　稿　中
韓　非　子	李　甦　平	撰　稿　中
淮　南　子	李　　增	已　出　版
董　仲　舒	韋　政　通	已　出　版
揚　　　雄	陳　福　濱	已　出　版
王　　　充	林　麗　雪	已　出　版
王　　　弼	林　麗　真	已　出　版
郭　　　象	湯　一　介	撰　稿　中
阮　　　籍	辛　　旗	已　出　版
嵇　　　康	莊　萬　壽	撰　稿　中
劉　　　勰	劉　綱　紀	已　出　版
周　敦　頤	陳　郁　夫	已　出　版
邵　　　雍	趙　玲　玲	撰　稿　中
張　　　載	黃　秀　璣	已　出　版
李　　　覯	謝　善　元	已　出　版
楊　　　簡	鄭曉江　李承貴	排　印　中
王　安　石	王　明　蓀	已　出　版
程顯、程頤	李　日　章	已　出　版
胡　　　宏	王　立　新	已　出　版

世界哲學家叢書（二）

書　　　　　名	作　　　者	出　版　狀　況
朱　　　　　熹	陳　榮　捷	已　　出　　版
陸　　象　　山	曾　春　海	已　　出　　版
陳　　白　　沙	姜　允　明	撰　　稿　　中
王　　廷　　相	葛　榮　晉	已　　出　　版
王　　陽　　明	秦　家　懿	已　　出　　版
李　　卓　　吾	劉　季　倫	撰　　稿　　中
方　　以　　智	劉　君　燦	已　　出　　版
朱　　舜　　水	李　甦　平	已　　出　　版
王　　船　　山	張　立　文	撰　　稿　　中
真　　德　　秀	朱　榮　貴	撰　　稿　　中
劉　　蕺　　山	張　永　儁	撰　　稿　　中
黃　　宗　　羲	吳　　　光	撰　　稿　　中
顧　　炎　　武	葛　榮　晉	撰　　稿　　中
顏　　　　　元	楊　慧　傑	撰　　稿　　中
戴　　　　　震	張　立　文	已　　出　　版
竺　　道　　生	陳　沛　然	已　　出　　版
真　　　　　諦	孫　富　支	撰　　稿　　中
慧　　　　　遠	區　結　成	已　　出　　版
僧　　　　　肇	李　潤　生	已　　出　　版
智　　　　　顗	霍　韜　晦	撰　　稿　　中
吉　　　　　藏	楊　惠　南	已　　出　　版
玄　　　　　奘	馬　少　雄	撰　　稿　　中
法　　　　　藏	方　立　天	已　　出　　版
惠　　　　　能	楊　惠　南	已　　出　　版
澄　　　　　觀	方　立　天	撰　　稿　　中

世界哲學家叢書（三）

書　　　　　名	作　者	出　版　狀　況
宗　　　　　密	冉雲華	已　出　版
永　明　延　壽	冉雲華	撰　稿　中
湛　　　　　然	賴永海	已　出　版
知　　　　　禮	釋慧岳	已　出　版
大　慧　宗　杲	林義正	撰　稿　中
袾　　　　　宏	于君方	撰　稿　中
憨　山　德　清	江燦騰	撰　稿　中
智　　　　　旭	熊　琬	撰　稿　中
嚴　　　　　復	王中江	撰　稿　中
康　有　　　為	汪榮祖	撰　稿　中
譚　嗣　　　同	包遵信	撰　稿　中
章　太　　　炎	姜義華	已　出　版
熊　十　　　力	景海峰	已　出　版
梁　漱　　　溟	王宗昱	已　出　版
胡　　　　　適	耿雲志	撰　稿　中
殷　海　　　光	章　清	排　印　中
金　岳　　　霖	胡　軍	已　出　版
張　東　　　蓀	張耀南	撰　稿　中
馮　友　　　蘭	殷　鼎	已　出　版
唐　君　　　毅	劉國強	撰　稿　中
牟　宗　　　三	鄭家棟	撰　稿　中
宗　白　　　華	葉　朗	撰　稿　中
湯　用　　　彤	孫尚揚	已　出　版
賀　　　　　麟	張學智	已　出　版
印　　　　　順	林朝成　陳水淵	撰　稿　中

世界哲學家叢書（四）

書　　　　　名	作　　者	出　版　狀　況
龍　　　　　樹	萬　金　川	撰　稿　中
世　　　　　親	釋　依　昱	撰　稿　中
商　　羯　　羅	江　亦　麗	排　印　中
維韋卡南達	馬　小　鶴	撰　稿　中
泰　戈　爾	宮　　靜	已　出　版
奧羅賓多・高士	朱　明　忠	已　出　版
甘　　　　　地	馬　小　鶴	已　出　版
尼　　赫　　魯	朱　明　忠	撰　稿　中
拉達克里希南	宮　　靜	已　出　版
元　　　　　曉	李　箕　永	撰　稿　中
休　　　　　靜	金　煐　泰	撰　稿　中
知　　　　　訥	韓　基　斗	撰　稿　中
李　栗　谷	宋　錫　球	已　出　版
李　退　溪	尹　絲　淳	撰　稿　中
空　　　　　海	魏　常　海	已　出　版
道　　　　　元	傅　偉　勳	已　出　版
伊藤仁齋	田　原　剛	撰　稿　中
山　鹿　素　行	劉　梅　琴	已　出　版
山　崎　闇　齋	岡田武彥	已　出　版
三　宅　尚　齋	海老田輝巳	已　出　版
中　江　藤　樹	木村光德	撰　稿　中
貝　原　益　軒	岡田武彥	已　出　版
荻　生　徂　徠	劉　梅　琴	撰　稿　中
安　藤　昌　益	王　守　華	撰　稿　中
富　永　仲　基	陶　德　民	撰　稿　中

世界哲學家叢書（五）

書　　　　　名	作　　　者	出　版　狀　況
石　田　梅　岩	李　甦　平	撰　　稿　　中
楠　本　端　山	岡　田　武　彥	已　　出　　版
吉　田　松　陰	山　口　宗　之	已　　出　　版
福　澤　諭　吉	卞　崇　道	撰　　稿　　中
岡　倉　天　心	魏　常　海	撰　　稿　　中
中　江　兆　民	畢　小　輝	撰　　稿　　中
西　田　幾　多　郎	廖　仁　義	撰　　稿　　中
和　辻　哲　郎	王　中　田	撰　　稿　　中
三　木　清	卞　崇　道	撰　　稿　　中
柳　田　謙　十　郎	趙　乃　章	撰　　稿　　中
柏　拉　圖	傅　佩　榮	撰　　稿　　中
亞　里　斯　多　德	曾　仰　如	已　　出　　版
伊　壁　鳩　魯	楊　適	排　　印　　中
愛　比　克　泰　德	楊　適	撰　　稿　　中
柏　羅　丁	趙　敦　華	撰　　稿　　中
聖　奧　古　斯　丁	黃　維　潤	撰　　稿　　中
安　瑟　倫	趙　敦　華	撰　　稿　　中
安　薩　里	華　濤	撰　　稿　　中
伊　本・赫　勒　敦	馬　小　鶴	已　　出　　版
聖　多　瑪　斯	黃　美　貞	撰　　稿　　中
尼　古　拉・庫　薩	李　秋　零	排　　印　　中
笛　卡　兒	孫　振　青	已　　出　　版
蒙　田	郭　宏　安	撰　　稿　　中
斯　賓　諾　莎	洪　漢　鼎	已　　出　　版
萊　布　尼　茨	陳　修　齋	已　　出　　版

世界哲學家叢書（六）

書　　　　　　　名	作　　者	出　版　狀　況
牛　　　　　頓	吳　以　義	撰　　稿　　中
培　　　　　根	余　麗　嫦	撰　　稿　　中
托馬斯・霍布斯	余　麗　嫦	已　　　出　　　版
洛　　　　　克	謝　啓　武	排　　印　　中
巴　　克　　萊	蔡　信　安	已　　　出　　　版
休　　　　　謨	李　瑞　全	已　　　出　　　版
托馬斯・銳德	倪　培　民	排　　印　　中
梅　　里　　葉	李　鳳　鳴	撰　　稿　　中
狄　德　　羅	李　鳳　鳴	撰　　稿　　中
伏　爾　　泰	李　鳳　鳴	已　　　出　　　版
孟　德　斯　鳩	侯　鴻　勳	已　　　出　　　版
盧　　　　　梭	江　金　太	撰　　稿　　中
帕　　斯　　卡	吳　國　盛	撰　　稿　　中
達　　爾　　文	王　道　遠	撰　　稿　　中
施萊爾馬赫	鄧　安　慶	撰　　稿　　中
康　　　　　德	關　子　尹	撰　　稿　　中
費　希　　特	洪　漢　鼎	已　　　出　　　版
謝　　　　　林	鄧　安　慶	已　　　出　　　版
黑　格　　爾	徐　文　瑞	撰　　稿　　中
叔　本　　華	鄧　安　慶	撰　　稿　　中
祁　克　　果	陳　俊　輝	已　　　出　　　版
尼　　　　　采	商　戈　令	撰　　稿　　中
彭　加　　勒	李　醒　民	已　　　出　　　版
馬　　　　　赫	李　醒　民	已　　　出　　　版
迪　　　　　昂	李　醒　民	排　　印　　中

世界哲學家叢書（七）

書　　　　名	作　　　者	出　版　狀　況
費　爾　巴　哈	周　文　彬	撰　　稿　　中
恩　　格　　斯	李　步　樓	排　　印　　中
馬　　克　　斯	洪　鎌　德	撰　　稿　　中
普　列　哈　諾　夫	武　雅　琴	撰　　稿　　中
約　翰　彌　爾	張　明　貴	已　　出　　版
狄　　爾　　泰	張　旺　山	已　　出　　版
弗　洛　伊　德	陳　小　文	已　　出　　版
阿　　德　　勒	韓　水　法	撰　　稿　　中
史　賓　格　勒	商　戈　令	已　　出　　版
布　倫　坦　諾	李　　　河	撰　　稿　　中
韋　　　　伯	韓　水　法	撰　　稿　　中
卡　　西　　勒	江　日　新	撰　　稿　　中
沙　　　　特	杜　小　真	撰　　稿　　中
雅　　斯　　培	黃　　　藿	已　　出　　版
胡　　塞　　爾	蔡　美　麗	已　　出　　版
馬克斯・謝勒	江　日　新	已　　出　　版
海　　德　　格	項　退　結	已　　出　　版
阿　　倫　　特	尚　新　建	撰　　稿　　中
高　　達　　美	嚴　　　平	排　　印　　中
漢　娜　鄂　蘭	蔡　英　文	撰　　稿　　中
盧　　卡　　契	謝　勝　義	撰　　稿　　中
阿　多　爾　諾	章　國　鋒	撰　　稿　　中
馬　爾　庫　斯	鄭　　　湧	撰　　稿　　中
弗　　洛　　姆	姚　介　厚	撰　　稿　　中
哈　伯　馬　斯	李　英　明	已　　出　　版

世界哲學家叢書（八）

書　　　　　名	作　　者	出　版　狀　況
榮　　　　　格	劉　耀　中	已　　出　　版
柏　　格　　森	尚　建　新	撰　　稿　　中
皮　　亞　　傑	杜　麗　燕	已　　出　　版
別　爾　嘉　耶　夫	雷　永　生	撰　　稿　　中
索　洛　維　約　夫	徐　鳳　林	已　　出　　版
馬　　賽　　爾	陸　達　誠	已　　出　　版
梅　露　‧　彭　迪	岑　溢　成	撰　　稿　　中
阿　爾　都　塞	徐　崇　溫	撰　　稿　　中
葛　　蘭　　西	李　超　杰	撰　　稿　　中
列　　維　　納	葉　秀　山	撰　　稿　　中
德　　希　　達	張　正　平	撰　　稿　　中
呂　　格　　爾	沈　清　松	撰　　稿　　中
富　　　　　科	于　奇　智	撰　　稿　　中
克　　羅　　齊	劉　綱　紀	撰　　稿　　中
布　拉　德　雷	張　家　龍	撰　　稿　　中
懷　　特　　海	陳　奎　德	已　　出　　版
愛　因　斯　坦	李　醒　民	撰　　稿　　中
玻　　　　　爾	戈　　革	已　　出　　版
卡　　納　　普	林　正　弘	撰　　稿　　中
卡　爾　‧　巴　柏	莊　文　瑞	撰　　稿　　中
坎　　培　　爾	冀　建　中	撰　　稿　　中
羅　　　　　素	陳　奇　偉	撰　　稿　　中
穆　　　　　爾	楊　樹　同	撰　　稿　　中
弗　　雷　　格	王　　路	已　　出　　版
石　　里　　克	韓　林　合	已　　出　　版

世界哲學家叢書 (九)

書　　　　名	作　者	出　版　狀　況
維　根　斯　坦	范　光　棣	已　　出　　版
艾　　耶　　爾	張　家　龍	已　　出　　版
賴　　　　爾	劉　建　榮	撰　　稿　　中
奧　　斯　　丁	劉　福　增	已　　出　　版
史　　陶　　生	謝　仲　明	撰　　稿　　中
馮　‧　賴　特	陳　　波	撰　　稿　　中
帕　爾　費　特	戴　　華	撰　　稿　　中
梭　　　　羅	張　祥　龍	撰　　稿　　中
愛　　默　　生	陳　　波	撰　　稿　　中
魯　　一　　士	黃　秀　璣	已　　出　　版
珀　　爾　　斯	朱　建　民	撰　　稿　　中
詹　　姆　　斯	朱　建　民	撰　　稿　　中
杜　　　　威	葉　新　雲	撰　　稿　　中
蒯　　　　因	陳　　波	已　　出　　版
帕　　特　　南	張　尚　水	撰　　稿　　中
庫　　　　恩	吳　以　義	排　　印　　中
費　耶　若　本	苑　舉　正	撰　　稿　　中
拉　卡　托　斯	胡　新　和	撰　　稿　　中
洛　　爾　　斯	石　元　康	已　　出　　版
諾　　錫　　克	石　元　康	撰　　稿　　中
海　　耶　　克	陳　奎　德	撰　　稿　　中
羅　　　　蒂	范　　進	撰　　稿　　中
喬　姆　斯　基	韓　林　合	已　　出　　版
馬　克　弗　森	許　國　賢	已　　出　　版
希　　　　克	劉　若　韶	撰　　稿　　中

世界哲學家叢書（十）

書　　　　　名	作　　者	出　版　狀　況
尼　　布　　爾	卓　新　平	已　　出　　版
默　　　　　燈	李　紹　崑	撰　　稿　　中
馬丁・布伯	張　賢　勇	撰　　稿　　中
蒂　　里　　希	何　光　滬	撰　　稿　　中
德　　日　　進	陳　澤　民	撰　　稿　　中
朋　謁　斐　爾	卓　新　平	撰　　稿　　中